アレンジたっぷり

ペープサート

はじめに

　「せんせい、かして、かして！」「こうやってやればいいの？」「ねえ、みて！」このように子どもたちの声が飛び交い活気のある保育が展開されるのがペープサートです。絵人形のちょっとした動きや、表裏の変化を楽しむのがペープサートですから、操作はとても簡単。だれでも手軽に作れて、すぐに楽しめます。

　ペープサートのよさは、演じ手（保育者）と観客（子どもたち）の距離の近さです。保育者の「みんなもやってみない？」といった呼びかけで、子どもたちは見せてもらったものをすぐに自分で確かめることができます。先ほどまで楽しんでいたものが自分もできる。子どもたちにとって、こんなに愉快で興味深いことはありません。実体験にすぐにつながるのがペープサートです。

　さらに、どんなに簡単な作品でも自分の言葉や歌で相手に伝えようとしないと、だれも振り向いてくれません。「ともちゃん、ゆうくん『ありさんのおはなし』いっしょに歌おう！」と、相手に呼びかければ参加してくれ拍手を送ってくれたりもします。そして子どもが演じ手となり、自分が逆の立場で参加することも。言語活動の基本「話す」「聞く」の態度が遊びの中でつちかわれます。「みんなの作ったペープサートはおうちに持って帰っておうちの人とも遊んでください」こんなひと言があれば、家庭へのバトンにもなります。

　たくさん作って遊んでペープサートの輪を広げてください。

阿部　恵

この本の特長

この本はアレンジがたっぷり！
今までにない
すぐれものです。

その1 アレンジで2倍・3倍楽しめる

その2 カラー型紙も

その3 保育者アンケート

この本は保育者のアンケートをもとに内容や章だてを構成した、現場発の本です。だから保育者の味方です。

内容紹介（ないようしょうかい）

盛りだくさんで、すぐに保育に取り入れられるものばかり。
どこからでもやってみてください。

P.7〜 歌って遊ぼう

子どもたちが大好きな歌に合わせて演じるペープサートをたくさん紹介します。低年齢から楽しめるものばかりで、また四季の歌を取り入れているので、ぴったりの作品が見つかることでしょう。

- ●基本の作品 **3作品**　●アレンジ **+10**

P.21〜 ゲーム・クイズ

みんなで遊べる参加型ペープサートです。アレンジをたくさん紹介しているので、何度でも演じられます。集会やふだんの保育でも大活躍です。

- ●基本の作品 **2作品**　●アレンジ **+5**

P.31〜 行事を楽しもう

お誕生会やクリスマスなどの行事にぴったりの作品を紹介。アレンジ次第でいろんな行事に使えるようになっています。

- ●基本の作品 **2作品**　●アレンジ **+4**

P.41〜 食育遊び

食育を楽しく保育に取り入れられる作品を載せています。
子どもとのやりとりで広がるペープサートばかりです。

- ●基本の作品 **2作品**　●アレンジ **+2**

P.49〜 生活習慣

ペープサートで楽しく生活習慣について伝えられます。
子どもたちの年齢や発達に合わせて演じられる作品です。

- ●基本の作品 **2作品**　●アレンジ **+3**

P.57〜 名作・おはなし

日本と世界の名作をペープサートで構成しました。
ペープサートの特性を生かしているので、絵本などとは違った雰囲気で楽しめます。

- ●基本の作品 **2作品**

CONTENTS

- **1** はじめに
- **2** この本の特長
- **3** 内容紹介

歌って遊ぼう

- **8** きいてみましょう ありさんのおはなし 〈春・いつでも〉
- **10** ちょこっとアレンジ　1 やぎさんゆうびん　2 とんぼのめがね
  3 もみじ　4 コンコンクシャンのうた

- **12** みんなで ぶんぶんぶん 〈春・いつでも〉
- **14** ちょこっとアレンジ　1 チューリップ　2 こいのぼり　3 かえるの合唱　4 虫のこえ

- **16** だいすき とんでったバナナ 〈夏・いつでも〉
- **20** ちょこっとアレンジ　1 好きな歌詞を演じる　2 子どもたちが演じる

ゲーム・クイズ

- **22** へんしん おりがみさん 〈集会・いつでも〉
- **25** ちょこっとアレンジ　1 バリエーションいっぱい　2 大きな折り紙で
  3 折り紙遊びに発展

- **26** ほしいひとにプレゼント 〈集会・いつでも〉
- **30** ちょこっとアレンジ　1 プレゼントに大小をつけて
  2 ペープサートの台を使って

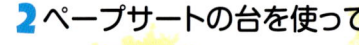

行事を楽しもう

32 うれしいね　お誕生日　　誕生会

36 ちょこっとアレンジ　1 うれしいね　七夕さま　2 うれしいね　クリスマス
　　　　　　　　　　　3 うれしいね　ひなまつり

38 あなたのおなまえは　　集会・いつでも

40 ちょこっとアレンジ　いろいろインタビュー

食育遊び

42 クイズ　おいしくいただきます　　集会・いつでも

45 ちょこっとアレンジ　おいしくたべたのなーに

46 元気のもと　3色カーペット　　いつでも

48 ちょこっとアレンジ　今日の給食

生活習慣

50 歯磨き大嫌い　ムッシーとムッチー　　いつでも

54 トイレちゃん　泣かないで　　いつでも

56 ちょこっとアレンジ　1 男児用トイレ　2 和式トイレ
　　　　　　　　　　　3 じょうずに手洗い・うがい

CONTENTS

名作・おはなし
- **58** 桃太郎 〈いつでも〉
- **64** てぶくろ 〈冬・いつでも〉

ペープサートを作ろう！演じよう！
- **70** 絵人形の作り方
- **71** 段ボール舞台の作り方
- **72** 絵人形の動かし方
- **73** 演じ方のポイント
- **74** 舞台設定のポイント

型紙
- **76** 〈カラー型紙〉 クイズ おいしくいただきます
- **78** 〈カラー型紙〉 てぶくろ
- **81** きいてみましょう ありさんのおはなし
- **83** やぎさんゆうびん・とんぼのめがね
- **84** もみじ
- **85** コンコンクシャンのうた
- **86** みんなで ぶんぶんぶん
- **87** チューリップ・こいのぼり・かえるの合唱・虫のこえ
- **88** だいすき とんでったバナナ
- **90** へんしん おりがみさん（折り図）
- **92** ほしいひとにプレゼント
- **93** ほしいひとにプレゼント アレンジ
- **94** うれしいね お誕生日
- **96** うれしいね 七夕さま・うれしいね クリスマス うれしいね ひなまつり
- **97** あなたのおなまえは
- **98** クイズ おいしくいただきます
- **100** 元気のもと 3色カーペット
- **102** 歯磨き大嫌い ムッシーとムッチー
- **103** トイレちゃん 泣かないで（洋式トイレ・男児用トイレ・和式トイレ）
- **104** じょうずに手洗い・うがい
- **105** 桃太郎
- **109** てぶくろ

歌って遊ぼう

楽しい歌に合わせて演じるペープサートをたくさん紹介しています。
おなじみの歌を使っているので、すぐに演じることができて
低年齢児も楽しめるものばかりです。
また四季の歌を取り入れているので、どの季節にも
ぴったりの作品が見つかります。

歌って遊ぼう ① 春・いつでも

所要時間 **3分**

きいてみましょう
ありさんのおはなし

うちわをそのまま使い、表裏の変化で遊びます。
大きくて見やすく、集会でも大活躍しそうですね。

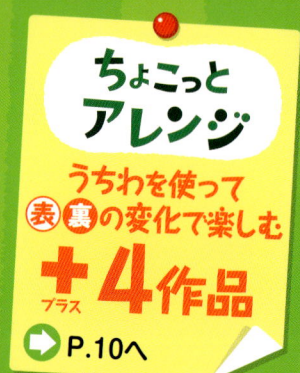

ちょこっとアレンジ
うちわを使って表裏の変化で楽しむ
プラス4作品
➡ P.10へ

用意するもの

絵人形 ●あり1（表・裏） ●あり2（表・裏）

➡ 型紙はP.81-82

演じ方のポイント

★ 表裏の変化をタイミングよく"クルリ"と行ないます。
★ 歌詞の「おかし」や「もものみ」のところでは、指さしをしてもよいでしょう。

〈演じ方〉

1
○あり1の表を出して。
保育者 ありさんがいますよ。
あれ？ なんだかお話しているみたい。
耳を澄ましてみんなで聞いてみましょう。

○絵人形を軽く揺らしながら。
♪ありさんのおはなし きいたかね
　ちいさなこえだが きこえたよ

♪ありさんの おはなし きいたかね

2
○あり1を反転させて。
♪おいしいおかしを みつけたよ
　となりのおうちの おにわだよ
保育者 うわぁ、おいしそうなケーキ！
（子どもたちの反応を受ける）

うわぁ、おいしそうなケーキ！

3

○あり2の表を出して。

保育者 ありさんのおはなし、
もっと聞いてみたいね。
聞いてみましょう。

♪ありさんのおはなし きいたかね
ないしょのこえだが きこえたよ

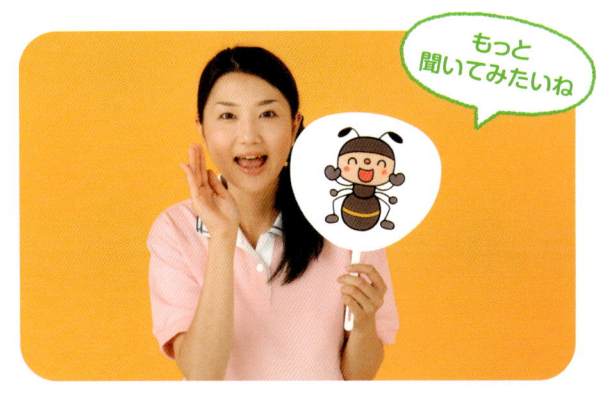

4

○あり2を反転させて。

♪おいしいもものみ みつけたよ
みんなでなかよく たべにこい

保育者 うわぁ、
こんどはおいしそうなもも!

（子どもたちの反応を受ける）

保育者 ありさんはおいしい物を見つける
名人だね。またこんど、ありさんの
お話を聞いてみましょう。

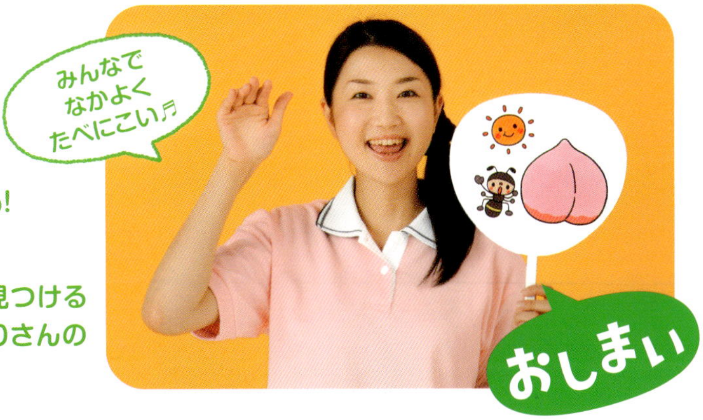

ありさんのおはなし

作詞／都築 益世　作曲／渡辺 茂

かわいらしく

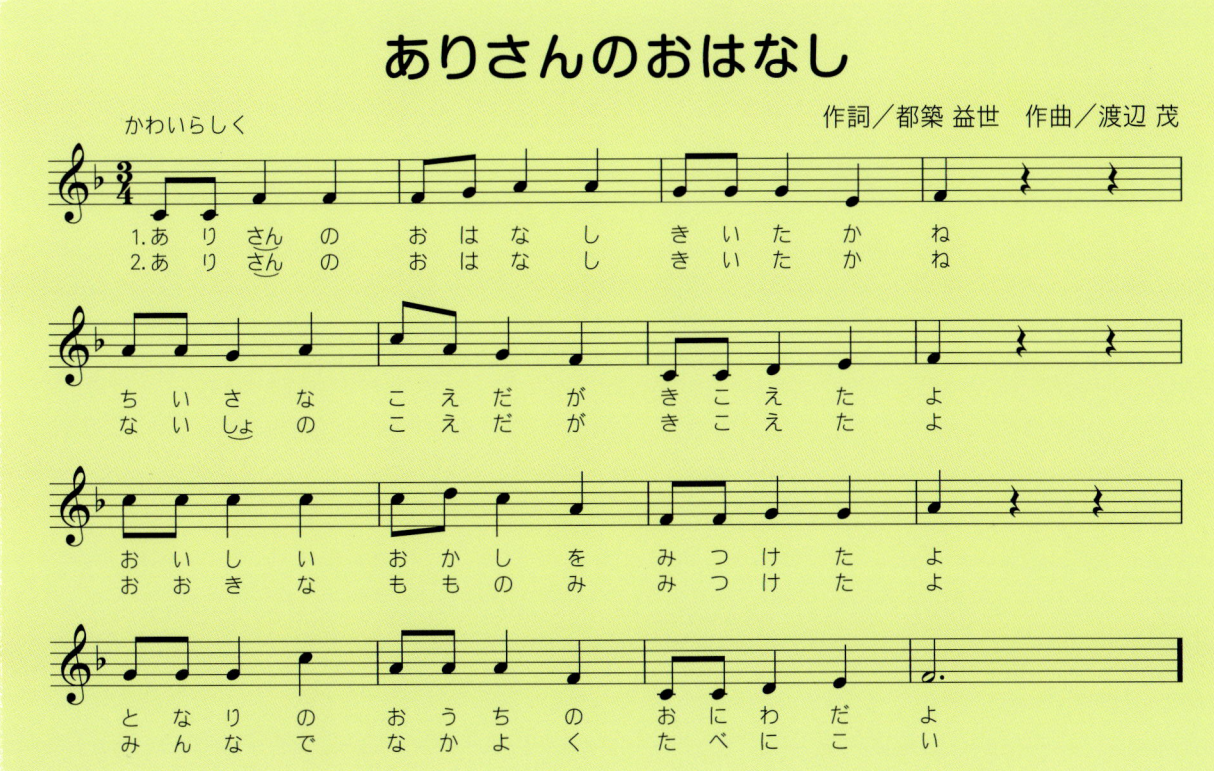

※ほかにもキャンディやバナナなどでも遊べます。

ちょこっとアレンジ

うちわを使って **表裏** の変化で楽しむ ＋**4作品**

ペープサートの基本である表裏の変化を生かして、季節の歌を楽しみましょう。

アレンジ1 やぎさんゆうびん

作詞／まどみちお　作曲／團 伊玖磨

用意するもの

絵人形
- 白やぎ（表・裏）
- 黒やぎ（表・裏）

➡ 型紙はP.83

〈演じ方〉

1
○黒やぎの表を出す。
保育者　黒やぎさんが何かを持っています。何でしょう。
（子どもたちの反応を受けて）
保育者　そうです、手紙。

「そうです、手紙」

2
○手紙の白やぎよりを指さしながら。
保育者　ほんとだ、白やぎさんからの手紙ですね。

♪「くろやぎさんたら」　「よまずにたべた♪」

○『やぎさんゆうびん』を歌いながら。
♪しろやぎさんから　おてがみついた
○黒やぎの表を反転させながら。
♪くろやぎさんたら　よまずにたべた
○黒やぎの裏を軽く揺らしながら。
♪しかたがないので　おてがみかいた
　さっきのてがみの　ごようじなあに
保育者　まあ、黒やぎさんたら白やぎさんからのお手紙を食べてしまいましたよ…。
※2番も白やぎを出して同様に行なう。

3
保育者　黒やぎさんも白やぎさんもあわてんぼうですね。『やぎさんゆうびん』また歌いましょうね。

「また歌いましょうね」

歌って遊ぼう❶ アレンジ

歌って遊ぼう ありさんのおはなし

アレンジ2 とんぼのめがね

作詞／額賀 誠志
作曲／平井 康三郎

用意するもの
絵人形
● 水色めがねのとんぼ(表・裏)
● ぴかぴかめがねのとんぼ(表・裏)
● 赤色めがねのとんぼ(表・裏)

➡ 型紙はP.83-84

〈演じ方〉

1 ○水色めがねのとんぼの表を出しながら。

「水色めがねのとんぼさんがいますね どうしてでしょう」

2 ○軽く揺らしながら『とんぼのめがね』を歌う。
♪あおいおそらを〜で反転。

※2・3番も同様に歌う。

アレンジ3 もみじ

作詞／吉村 徹蔵　作曲／日本教育音楽協会

用意するもの
絵人形
● もみじ1(表・裏)
● もみじ2(表・裏)

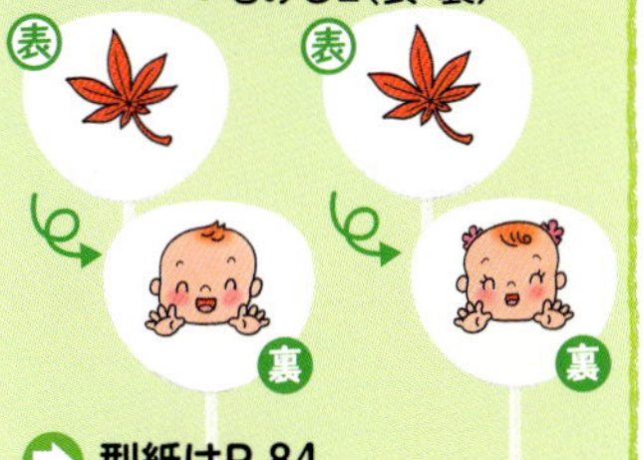

➡ 型紙はP.84

〈演じ方〉

1 ○もみじ1の表を出して軽く揺らし『もみじ』を歌う。

「もみじの葉っぱ」

2 ○もみじ1の表を反転させながら。

「あかちゃんのおててみたいで かわいいね」

※同様にもみじ2で繰り返す。

アレンジ4 コンコンクシャンのうた

作詞／香山 美子　作曲／湯山 昭

用意するもの
絵人形
● りす(表・裏)
● ぶた(表・裏)
● ぞう(表・裏)

➡ 型紙はP.85

〈演じ方〉

1 ○りすの表を出して「かぜをひいたのかな？」などと問いかけて。

「かぜ ひいちゃったのかな？」

2

「コンコンコンコン」

○りすの表を素早く反転。

3

「クシャン」

※同様にぶた・ぞうと繰り返す。

11

歌って遊ぼう② 春・いつでも

みんなで ぶんぶんぶん

所要時間 3分

かわいいハチさんが登場。繰り返し歌いながら遊びましょう。
♪ぶんぶんぶん～と、池の周りや池の上を楽しく飛び回ります。

ちょこっとアレンジ
かんたん段ボールを使って
プラス +4作品
➡ P.14へ

用意するもの

絵人形
- 池（裏に段ボール）
- はち1
- はち2
- はち3

➡ 型紙はP.86

演じ方のポイント

★はちは同じ位置で飛ばしたり、上下に移動させたりと飛ばし方を少し研究してみましょう。
★子どもたちの反応を受けたり、「きれいな野ばらね。見て、この、葉っぱの先のしずくが朝露だね」などと会話を交わしたりしながら楽しみましょう。

〈演じ方〉

1
○池を利き手ではないほうの手に持って。

保育者：お池があります。お池の周りには、ほら、きれいな野ばらが咲いています。だれかがやってきたみたい。さあ、だれでしょう？
（子どもたちの反応を受けて）

きれいな野ばらが咲いていますね

2
○はち1を利き手に持って池の周りを飛ばしながら。

保育者：ちょうちょうさんかな…。ブーン、ブーン。そう、はちさんです。

○『ぶんぶんぶん』を歌う。

♪ ぶんぶんぶん はちがとぶ
　 おいけの まわりに
　 のばらが さいたよ
　 ぶんぶんぶん はちがとぶ

ブーン、ブーン はちさんです

歌って遊ぼう❷

歌って遊ぼう みんなで ぶんぶんぶん

| はち1 | 「まあ、きれいな野ばら」 |

○野ばらに近づけて止まらせたり
　池の上を飛ばしたりしながら歌う。

| 保育者 | ♪ぶんぶんぶん はちがとぶ
　あさつゆ きらきら
　のばらが ゆれるよ
　ぶんぶんぶん はちがとぶ |

| はち1 | 「ねえ、みんなー。きれいな野ばらが
　咲いているよ。来て、来て！」 |

○はち1を立てる。

○はち2・3をいっしょに出しながら。

| はち2 | 「わぁ、きれいな野ばらだね」 |
| はち3 | 「ほんと、ミツもおいしそう」 |

○はち2・3を両方持って池の周りを飛ばしながら。

| 保育者 | ♪ぶんぶんぶん はちがとぶ
　おいけの まわりに
　のばらが さいたよ
　ぶんぶんぶん はちがとぶ

　ぶんぶんぶん はちがとぶ
　あさつゆ きらきら
　のばらが ゆれるよ
　ぶんぶんぶん はちがとぶ |

| 保育者 | ハチさんたち楽しそう。みんなも楽しく歌えたね。 |

ぶんぶんぶん

作詞／村野 四郎　ボヘミア民謡

ちょこっとアレンジ

かんたん段ボールを使って プラス+4作品

段ボールを使ったかんたんペープサート。子どもたちの大好きな童謡が同じパターンで展開できます。オリジナルストーリーで遊んでみましょう。

アレンジ1 チューリップ

作詞／近藤 宮子　作曲／井上 武士

用意するもの
絵人形
- チューリップ（裏に段ボール）
- ちょうちょう1
- ちょうちょう2

➡ 型紙はP.87

〈演じ方〉

1
○チューリップを出す。
- 保育者：きれいなチューリップが咲いていますね。みんなで歌ってみましょう。

○『チューリップ』の歌をうたう。
- 保育者：あら、みんなのお歌がじょうずなので、だれかやってきました。

2

「ちょうちょうさんがやってきました」

○ちょうちょう1を出す。
- 保育者：そう、ちょうちょうさん。ちょうちょうさんといっしょにもう一度歌ってみましょう。

○『チューリップ』の歌をもう一度うたう。

※同様にちょうちょう2を登場させていく。

3
- 保育者：いっぱいお友達が来てくれて、チューリップさん楽しかったって。また歌おうね。

※『ぶんぶんぶん』のはちなどを登場させても楽しいですよ。

「また歌おうね」

歌って遊ぼう❷ アレンジ

歌って遊ぼう みんなで ぶんぶんぶん

アレンジ2 こいのぼり
文部省唱歌

用意するもの
絵人形
- 家（裏に段ボール）
- こいのぼり

➡ 型紙はP.87

〈演じ方〉

1 ○家を持って、後ろから こいのぼりをのぞかせて。

「家の向こうに 何かが見えますよ 何でしょう？」

2 「そうです、こいのぼり」

○こいのぼりを屋根に差して 『こいのぼり』を歌う。

アレンジ3 かえるの合唱
作詞／岡本 敏明　ドイツ曲

用意するもの
絵人形
- 水田（裏に段ボール）
- かえる1
- かえる2
- かえる3
- かえる4

➡ 型紙はP.87

〈演じ方〉

1 ○水田を出す。

「あら、だれかいるみたい にぎやかな歌が聞こえてきましたよ」

2 ○かえる1・2・3・4を重ねて持って 『かえるの合唱』に合わせて 田んぼに立てる。

ゲロ　ゲロ　ゲロ　♪

○『かえるの合唱』に合わせて軽く横に 揺らしたり、縦に上下させたりする。

アレンジ4 虫のこえ
文部省唱歌

用意するもの
絵人形
- 草むら（裏に段ボール）
- まつむし
- すずむし
- こおろぎ
- くつわむし
- うまおい

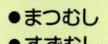

➡ 型紙はP.87

〈演じ方〉

1 ○虫を差した 草むらを持って。

「いろんな虫さん がいますよ」

2 「まつむしさんが ないているよ」

○歌いながら虫を動かす。

♪ **1** あれまつ虫が ないている
チンチロ　チンチロ　チンチロリン
あれすず虫も なきだした
リンリンリンリン　リーンリン
秋の夜長を なきとおす
ああおもしろい　虫のこえ

2 キリキリキリキリ　こおろぎや
ガチャガチャ　ガチャガチャ　くつわ虫
あとからうまおい　おいついて
チョンチョンチョンチョン　スイッチョン
秋の夜長を なきとおす
ああおもしろい　虫のこえ

15

歌って遊ぼう❸ 夏・いつでも

だいすき とんでったバナナ

所要時間 5分

ちょこっとアレンジ
『とんでったバナナ』をもっと楽しむ
＋2パターン
→ P.20へ

歌詞のストーリーに沿った展開で、楽しく歌いながら本式のペープサートが楽しめます。最後は、「ポーン！」とバナナの皮が飛んでおしまい。

用意するもの

絵人形
- バナナ（表・裏）
- 男の子（表・裏）
- 女の子（表・裏）
- 小鳥
- ワニ（表・裏）
- 船上の船長さん
- バナナの皮（表・裏）
- ペープサートの台

→ 型紙はP.88-89

演じ方のポイント

★最初は場面構成をしてから歌いだすと、操作しやすいでしょう。
★低年齢児は1番ごとにお話を加えてもいいでしょう。
★動かしすぎないことが原則ですが、逆に動かすときにはめりはりをつけて動かしましょう。

〈演じ方〉

○舞台中央に男の子と女の子を出して。

保育者　ここは南の国。
子どもたちが何か
見つけたみたいですよ。

○バナナを出しながら歌う。

♪バナナが いっぽん ありました
　あおい みなみの そらのした

○子どもの絵人形でバナナを
取り合うように動かしながら。

♪こどもが ふたりで とりやっこ

子どもたちが何かみつけたみたいですよ

♪こどもが ふたりで とりやっこ

歌って遊ぼう❸

歌って遊ぼう とんでった バナナ

2
○バナナを大きく飛ばして外す。
♪バナナは ツルンと とんでった
　バナナは どこへ いったかな

○子どもをリズミカルに
　動かしながら外す。
♪バナナン バナナン バナァナ

♪バナナは ツルンと とんでった♪

3
○小鳥を出しながら。
保育者 今度は小鳥さんが
　　　　　巣の中にいます。
♪ことりが いちわ おりました
　やしの こかげの すのなかで
　おそらを みあげた そのときに

○バナナを空の方向から
　巣にふんわりと入れる。
♪バナナが ツルンと とびこんだ
　はねも ないのに ふんわりこ
　バナナン バナナン バナァナ

♪バナナが ツルンと とびこんだ♪

4
○小鳥を軽く動かしながら。
♪きみは いったい だれなのさ
　ことりが バナナを つつきます
　これは たいへん いちだいじ

○バナナを巣から逃がしてして外す。
♪バナナが ツルンと にげだした
　たべられちゃう なんて やなこった
　バナナン バナナン バナァナ

○小鳥を外す。

♪きみは いったい だれなのさ♪

17

保育者　バナナはまたどこかに
行っちゃいました。
あら、ワニさんが出てきましたよ。

○ワニを出して踊らせながら。

♪ワニが いっぴき おりました
　しろい しぶきの すなはまで
　おどりを おどって おりますと

○バナナを上手の方向から
　ツルンと出す。

♪バナナが ツルンと とんできた
　おひさま にこにこ いいてんき
　バナナン バナナン バナァナ

○ワニとバナナをいっしょに踊らせながら。

♪ワニと バナナが おどります
　ボンボコ ツルリン ボンツルリ
　あんまり ちょうしに のりすぎて

○バナナを大きく飛ばして外す。

♪バナナは ツルンと とんでった
　バナナは どこへ いったかな
　バナナン バナナン バナァナ

○ワニを下手に退場させながら。

保育者　バナナはまたいなくなりました。
ワニさんも見えなくなりました。

○船上の船長さんを出して。

♪おふねが いっそう うかんでた
　おひげ はやした せんちょうさん
　グーグー おひるね いいきもち
　おくちを ポカンと あけてたら

○バナナを上手の方向から
　すぽんと入れる。

♪バナナが スポンと とびこんだ

18

8

○バナナを少しずつ口に入れる。

♪ モグモグモグモグ たべちゃった
たべちゃった たべちゃった

○バナナの皮をポーンと
上に投げ飛ばす。

保育者 ポーン!
あ〜ぁ、食べられちゃった。

あ〜あ、
食べられちゃった

おしまい

とんでったバナナ

作詞/片岡 輝　作曲/桜井 順

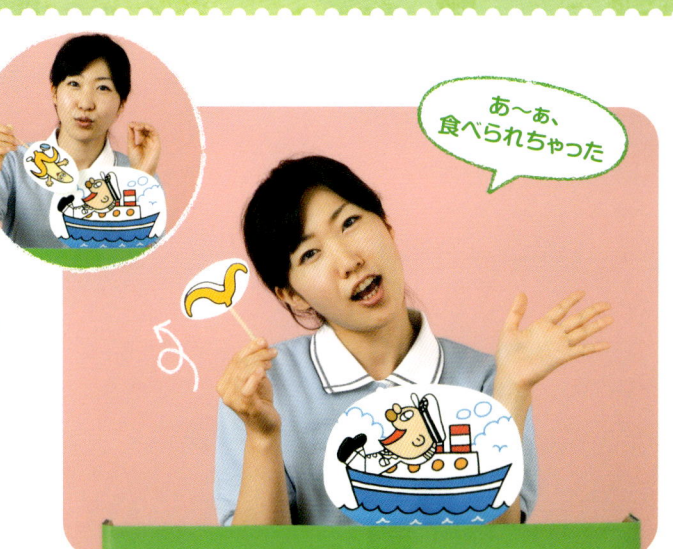

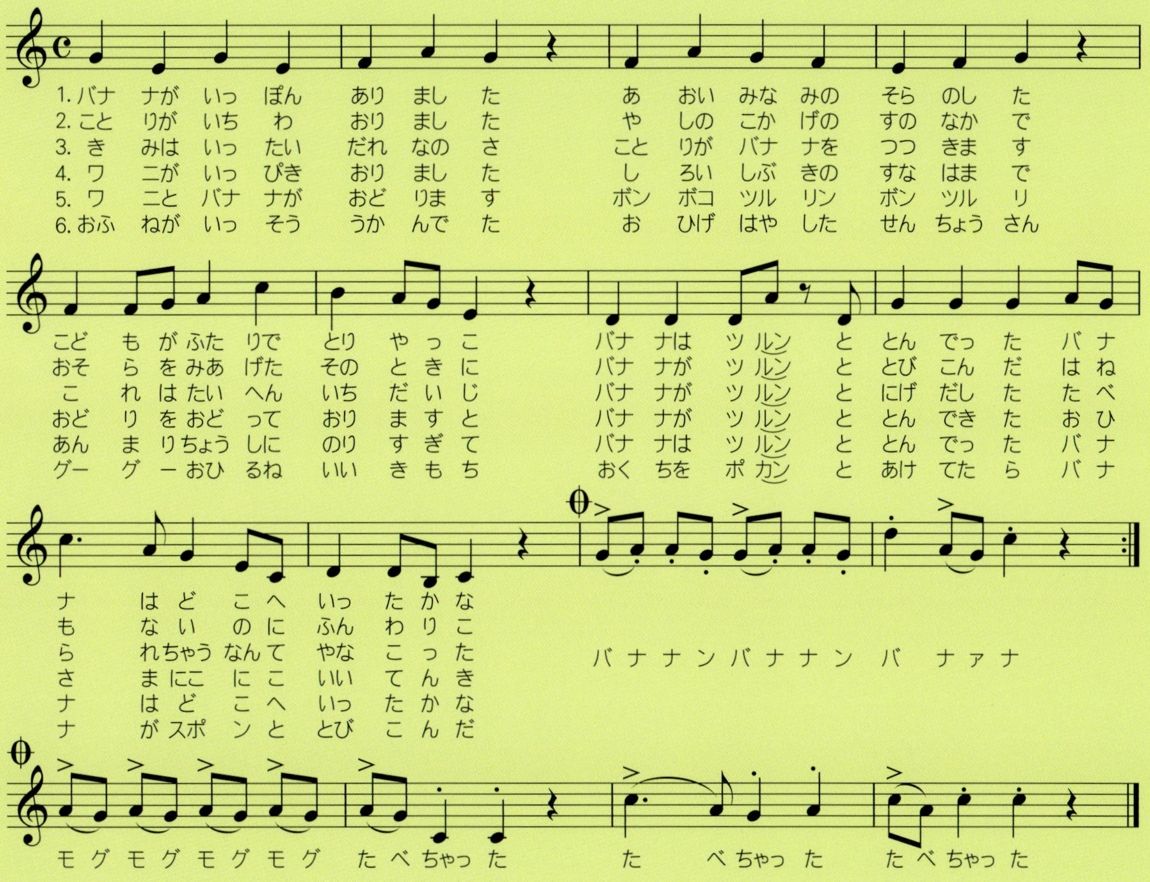
1. バナ ナが いっ ぽん あり まし た あ おい みな みの そら のし た
2. こと りが いち わ おり まし た や しの こか げの すの なか で
3. き みは いっ たい だれ なの さ こと りが バナ ナを つつ きま す
4. ワ ニが いっ ぴき おり まし た し ろい しぶ きの すな はま で
5. ワ ニと バナ ナが おど りま す ボン ボコ ツル リン ボン ツル リ
6. おふ ねが いっ そう うか んで た お ひげ はや した せん ちょう さん
こど も が ふた りで とり や っ こ バナ ナは ツ ルン と とん でっ た バ ナ
おそ ら を みあ げた その と き に バナ ナが ツ ルン と とび こん だ は ね
こ れ は たい へん いち だ い じ バナ ナが ツ ルン と にげ だし た た べ
おど り を おど って おり ま す と バナ ナが ツ ルン と とん でき た お ひ
あん ま りちょう しに のり す ぎ て バナ ナは ツ ルン と とん でっ た バ ナ
グー グ ー おひ るね いい き も ち おく ちを ポ カン と あけ てた ら バ バ ナ
ナ は ど こ へ いっ た か な
も な い の に ふん わ り こ
ら れちゃう なん て やな こ っ た
さ ま にこ に こ いい て ん き
ナ は ど こ へ いっ た か な
ナ が スポ ン と とび こ ん だ
バ ナ ナ ン バ ナ ナ ン バ ナ ァ ナ
モ グ モ グ モ グ モ グ た べ ちゃっ た た べ ちゃっ た た べ ちゃっ た

ちょこっとアレンジ

『とんでったバナナ』もっと楽しむ ＋2パターン

場面や時間に合わせて工夫したり、子どもたちが演じてみたり『とんでったバナナ』で遊びを広げましょう。

アレンジ1 好きな歌詞を演じる

〈遊び方〉
1～6番まで1回で演じてしまわないで、時間や用途に合わせて好きな歌詞のところを演じてみましょう。

1番の歌詞を演じて5番へ

6番の船長さんをクラスの子どもや保育者にしてみても盛り上がりますね。

アレンジ2 子どもたちが演じる

〈遊び方〉
子どもたちが絵を描いて少し大きめに絵人形を作って、舞台なども製作すれば遊びがどんどん広がります。劇ごっこにも発展しそうですね。

誕生会などの集会や発表会などで子どもたちが演じてみるのもGood。

ゲーム・クイズ

みんなで楽しめる参加型のペープサートです。
工夫しだいで何回でも新鮮に楽しめるようになっています。
集会やふだんの保育でも大活躍してくれますよ。

ゲーム・クイズ ① 集会・いつでも

所要時間 5〜10分

へんしん おりがみさん

折り紙がいろんな物に変身。
ペープサートで遊んだ後は折り紙でも遊べますよ。

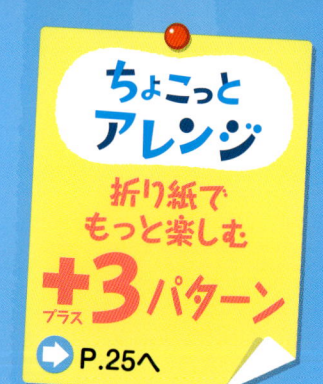

ちょこっとアレンジ
折り紙でもっと楽しむ
＋3パターン
➡ P.25へ

用意するもの

絵人形
● 赤い折り紙（表・裏）
● 黄色い折り紙（表・裏）
● 黒い折り紙（表・裏）

➡ 折り方はP.90

演じ方のポイント

★当たり外れのクイズだけで遊ぶのではなく、折り紙の楽しさも伝えましょう。
★子どもたちの答えの中に出てきたものも取り上げて、後で折っても遊びが発展します。

〈演じ方〉

1

○赤い折り紙の表を出して。

保育者：赤い折り紙さんがいますよ。この赤い折り紙さんが何かに変身します。何に変身するか、応援しながら当ててくださいね。

♪ おりがみさんの へんしん
　おうえんしてね へんしん
　おりおりおりおり おりおりおりおり
　おりおりおりおり なあに

赤い折り紙さんがいますよ

何に変身したでしょう

保育者：さあ、この赤い折り紙さん何に変身したでしょう。
（子どもたちの反応を受けて）

保育者 リンゴ、チューリップ、
トマト、イチゴ…
たくさん出てきましたね。
何に変身したのかな…。

○赤い折り紙を反転させて裏を出す。

保育者 はい、チューリップに変身しました!
かわいいチューリップさんに変身です。
ほかにも、みんなが言ってくれた
リンゴやトマトやイチゴもできるよね。

○黄色い折り紙の表を出して。

保育者 さあ、こんどは黄色い折り紙さん
に変身してもらいましょう。
いっしょに歌いながら
応援してくださいね。

♪おりがみさんの へんしん
　おうえんしてね へんしん
　おりおりおりおり おりおりおりおり
　おりおりおりおり なあに

保育者 さあ、黄色い折り紙さんは
何に変身したでしょうか。

（子どもたちの反応を受けて）

保育者 バナナ・レモン・きつね・風船…。
さあ、何かな?
いち、にの、さん!

○黄色い折り紙を反転させて裏を出す。

保育者 はい、きつねさんに変身しました!
わあ、かわいいきつねさん。
折ってみたいね。

○黒い折り紙の表を出して。

保育者　もうひとつ変身です。
あらら黒い折り紙さん。
うっしっしって笑っているよ。

♪おりがみさんの　へんしん
　おうえんしてね　へんしん
　おりおりおりおり　おりおりおりおり
　おりおりおりおり　なあに

保育者　さあ、黒い折り紙さんは
何に変身したでしょう。

（子どもたちの反応を受けて）

保育者　カラスにクジラさん、
ほかにはない？
さあ、今出てきた中に
変身したのがあるかな？
いち、にの、さん！

○黒い折り紙を反転させて裏を出す。

保育者　あっ、クジラさんに
変身しましたね！
楽しいね。
みんなで折ってみましょうね。

おしまい

へんしん おりがみ

作詞／阿部 恵　作曲／佐藤 千賀子

ゲーム・クイズ ❶ アレンジ

ちょこっとアレンジ
折り紙でもっと楽しむ ＋3 パターン
かんたんにできる折り紙だから、子どもたちの反応に合わせてたくさん遊べます。

アレンジ1 バリエーションいっぱい

〈演じ方〉

ほかにもかえるやぞう、ヨットなど子どもたちの好きな折り紙でバリエーションが増やせます。

▶ 折り方はP.91

アレンジ2 大きな折り紙で

〈演じ方〉

園全体の集会などで演じるときは大きな折り紙をそのまま使って演じてみましょう。

アレンジ3 折り紙遊びに発展

〈演じ方〉

『へんしんおりがみさん』で子どもたちが折り紙に興味を示したら、折り紙遊びにも発展できます。

ゲーム・クイズ ❷ 集会・いつでも

所要時間 5〜10分

ほしいひとにプレゼント

ほしい人だけにプレゼント。でも、何が出てくるかは後でのお楽しみ。動作も楽しんでくださいね。

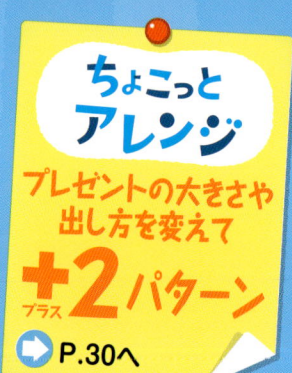

ちょこっとアレンジ
プレゼントの大きさや出し方を変えて ＋2パターン
➡ P.30へ

用意するもの

絵人形
- プレゼント1（裏 ケーキ）
- プレゼント2（裏 おばけ）
- プレゼント3（裏 ネックレス）

プレゼント1　表　裏
プレゼント2　表　裏
プレゼント3　表　裏

➡ 型紙はP.92

演じ方のポイント

★ユーモアのある楽しい会話と、歌や動作で元気いっぱいに遊びましょう。
★何回戦まで行なうかを決めて遊ぶと盛り上がります。いろいろなバリエーションで楽しみましょう。

〈演じ方〉

1
○プレゼント1を出して。

保育者：今日はほしい人だけにプレゼントがあります。とってもいいプレゼントが入っているときと、あまりほしくないプレゼントが入っているときがあります。
「このプレゼントがほしい人！」と聞きますから、ほしいと思う人は元気よく手を上げてください。ほしくないと思う人は上げないでくださいね。

ほしい人だけにプレゼント

2
保育者：それでは、1回戦をやってみましょう。

○動作を入れながら楽しく歌う。
♪プレゼント　プレゼント
　ほしいひとに　プレゼント

保育者：このプレゼントが、ほしい人！
（子どもたちの反応を見て）

ほしいひとにプレゼント

ゲーム・クイズ❷

3

保育者　ほしいと手をあげた人だけ、いっしょにやってください。

♪ワクワク ドキドキ
　シュルルン パーッ

ゲーム・クイズ
ほしいひとにプレゼント

4

○プレゼント1を裏返す。

保育者　わー、ケーキです!

♪おいしい ケーキの
　プレゼント

保育者　さあ、ほしいと手を上げた
　　　　お友達。
　　　　いただいてください!

〈 遊び方 〉

❶ プレゼント プレゼント
右・左と順に
手を内から前に出す

❷ ほしいひとに プレゼン
拍手6回

❸ ト
両手を前に出す

❹ ほしいひと（ハーイ）
ほしい人に
手を上げることを促す

❺ ワクワク
ひじを上げたり下げたりして
ワクワクした気持ちを表現する

❻ ドキドキ
胸の前で両手を2回前後させて、
ドキドキした気持ちを表現する

❼ シュルルン
プレゼントのひもを
ほどくポーズ

❽ パーッ
両手を広げてポーズ

27

○プレゼント2を出す。

保育者 これで遊び方は、わかりましたね。
こんどは2回戦です。

♪プレゼント プレゼント
　ほしいひとに プレゼント

保育者 このプレゼントが、ほしい人!

（子どもたちの反応を見て）

保育者 ほしいと手を上げた人だけ、
いっしょにやってください。

♪ワクワク ドキドキ
　シュルルン パーッ

○プレゼント2を裏返す。

保育者 わー、こんどはおばけ!

♪ふわふわ おばけの
　プレゼント

保育者 さあ、ほしいと手を上げたみんな〜。
いただいてくださ〜い。

○プレゼント3を出して。

保育者 さあ、次は何が入っているかな?

♪プレゼント プレゼント
　ほしいひとに プレゼント

保育者 このプレゼントが、ほしい人!

（子どもたちの反応を見て）

ゲーム・クイズ❷

9

保育者 ほしい人だけ
いっしょにやりますよ。

♪ワクワク ドキドキ
シュルルン パーッ

ゲーム・クイズ
ほしいひとにプレゼント

10

○プレゼント3を裏返す。

保育者 わー、ネックレスでした!

♪ネックレスの
プレゼント

保育者 ほしいと手を上げたみんな
よかったね。

※以下同様に子どもたちのほしそうな物と、
ほしくなさそうなものを織り交ぜて
遊びます。

プレゼント プレゼント

作詞／阿部 恵　作曲／家入 脩

ゲーム・クイズ❷ アレンジ

ちょこっとアレンジ

プレゼントの大きさや出し方を変えて ＋プラス２パターン

出し方や大きさを変えるだけでプレゼントの中身の予想が難しくなったり少しの工夫で新鮮な気持ちで遊べます。

アレンジ１ プレゼントに大小をつけて

〈演じ方〉 プレゼントの中身で大・中・小と大きさの違う絵人形を作ってみても楽しめます。

用意するもの

絵人形
- 大きいプレゼント（裏 恐竜の赤ちゃん）
- 小さいプレゼント（裏 ダイヤの指輪）

→ 型紙はP.93

アレンジ２ ペープサートの台を使って

〈演じ方〉 プレゼントの包みだけの絵人形と中身の絵人形を分けて作っても遊びが広がります。

用意するもの

絵人形
- ペープサートの台
- プレゼントの包み
- ケムシ

→ 型紙はP.93

行事を楽しもう

お誕生会や七夕、クリスマス…毎月といっていいほど
たくさんの行事があります。
そんな行事を盛り上げるペープサートを
ここでは2作品紹介します。
この章で紹介するアイディアをそのほかの行事でも
生かしてみてください。

行事を楽しもう ❶ 誕生会

うれしいね お誕生日

所要時間 **5分**

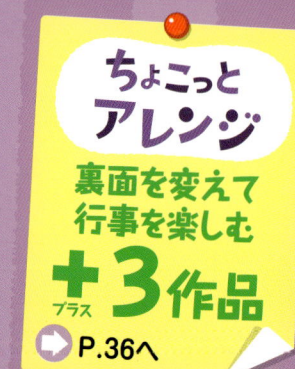

どんな動物さんが登場するかワクワクします。
誕生日の子どもを動物さんたちとお祝いしてあげましょう。

用意するもの

絵人形
- 巻き込み
  ペープサート
  （裏 お誕生日）

（表）

（裏）

➡ 型紙はP.94-95

演じ方のポイント

★巻き込みの折りぐせを表裏によく付けておくと、広げたときに平らになります。
★巻き込みを広げるときや裏返すときのタイミングをよく図って、効果的に行ないましょう。

〈演じ方〉

1

○巻き込んだ1面のりすを見せて。

保育者　これはりすくん。
なんだかとってもうれしそう。
どうしたのか聞いてみましょう。
りすくん、どうしてそんなに
うれしそうなの?

○少し揺らしながら、リズミカルに歌う。

りすくん　♪ないしょ、ないしょ。

保育者　りすくん、ないしょって、なーに?

りすくん　「あとでのお楽しみ」

りすくん なんだかとっても うれしそう

32

行事を楽しもう❶

○巻き込んだ2面のうさぎを出して。
保育者 あら、こんどはうさぎちゃんも。
うさぎちゃん、
どうしてそんなに
うれしそうなの?

うさぎちゃん ♪ないしょ、ないしょ。

保育者 うさぎちゃん、
ないしょって、なーに?

うさぎちゃん 「あとでのお楽しみ」

行事を楽しもう うれしいね お誕生日

○巻き込んだ3面のぶたを出して。
保育者 ぶたくんも。
ぶたくんどうしてそんなに
うれしそうなの?

ぶたくん ♪ないしょ、ないしょ。

保育者 ぶたくんもおんなじ。
ないしょって、なーに?

ぶたくん 「あとでのお楽しみ」

○巻き込んだ4面のきつねを出して。
保育者 まだいましたよ。きつねちゃん。
きつねちゃん、どうしてそんなに
うれしそうなの?

きつねちゃん ♪ないしょ、ないしょ。

保育者 きつねちゃんもおんなじ。
ないしょって、なーに?

きつねちゃん 「あとでのお楽しみ」

○巻き込んだ5面のくまを出して。

保育者 まだいましたよ。
くまくん、どうしてそんなに
うれしそうなの？

くまくん ♪ないしょ、ないしょ。

保育者 くまくんもおんなじ。
ないしょって、なーに？

くまくん 「あとでのお楽しみ」

○巻き込みペープサートを
ドンドンと上下に動かしながら。

保育者 あら？　今度はドンドンと
揺れていますよ。
だれでしょう。

（子どもたちの反応を確かめて）

行事を楽しもう ①

○巻き込んだ6・7面のぞうを出して。

保育者 そうです。ぞうちゃん! ぞうちゃん、どうして そんなにうれしそうなの?

ぞうちゃん ♪ないしょ、ないしょ。

保育者 ぞうちゃんもまたおんなじ。 ないしょって、なーに?

ぞうちゃん 「ないしょってね…」

うれしいね お誕生日

○巻き込みペープサートを回転させて裏を出す。

ぞうちゃん 「○○組さんの ○○○○ちゃんが、今日○歳の お誕生日だって聞いたから、 みんなでお祝いに来たの。 ○○ちゃん、 お誕生日おめでとう!」

(○○ちゃんの反応を確かめて)

ぞうちゃん 「お祝いに 『ハッピーバースディトゥユー』の 歌をみんなでうたいます。 ○○組さんもいっしょにうたってね」

(みんなでいっしょに『ハッピーバースディトゥユー』(作詞/P.S.ヒル 作曲/M.J.ヒル)を歌う)

みんなで ○○○○ちゃん、 お誕生日おめでとう!

保育者 うれしいね、○○ちゃん。 誕生日をみんなにお祝い してもらって。 動物さんたちありがとう。

※クラスの朝の会などで、 その日が誕生日の子をみんなで 祝ってあげることもできますし、 拡大して作って「○月生まれの お誕生会にお祝いに来ました」と、 園全体の誕生会で演じることもできます。

35

ちょこっとアレンジ 裏面を変えて行事を楽しむ ＋3作品

表面は同じ型紙を使い、裏面だけ変えて作ると、七夕・クリスマス・ひな祭りなどでも生かすことができます。

アレンジ1 うれしいね 七夕さま

用意するもの

絵人形
● 巻き込みペープサート（裏 七夕）

➡ 型紙はP.96

〈演じ方〉1〜6 までは、同様に。

7

○巻き込みペープサートを回転させて裏を出す。

ぞうちゃん「○○組さんが七夕飾りを作るって聞いたから、私たちの七夕飾りを見てもらいたくてね。
○○組さん、ほら、ステキでしょう!」

（動物たちの願い事を紹介したり、飾りを確かめたりして）

ぞうちゃん「みんなの願いが届くように『七夕さま』の歌をうたいます。
○○組さんもいっしょにうたってね」

（みんなでいっしょに『七夕さま』（作詞／権藤花代・林 柳波 作曲／下総皓一）を歌う）

保育者 うれしいね、○○組さん。
七夕飾りをがんばって作ろうね。
動物さんたちありがとう。

おしまい

ほら、ステキでしょう!

行事を楽しもう❶ アレンジ

アレンジ2　うれしいね　クリスマス

どんなクリスマスプレゼントがもらえるのかな

用意するもの
絵人形
●巻き込みペープサート（裏 クリスマス）

㊙型紙はP.96

〈演じ方〉**6** のぞうちゃんの「ないしょってね…」を「みんなは今日が何の日か知ってる？　今日はね…」に変えて。
○巻き込みペープサートを回転させて裏を出す。

7
| ぞうちゃん | 「クリスマス！　ほら、みんなすてきなプレゼントをもらったよ」|

（動物たちのプレゼントを紹介したりする）

| 保育者 | みんなはどんなクリスマスプレゼントがもらえるのかな。お楽しみだね！ |

おしまい

行事を楽しもう　うれしいねお誕生日

アレンジ3　うれしいね　ひなまつり

用意するもの
絵人形
●巻き込みペープサート（裏 ひなまつり）

㊙型紙はP.96

〈演じ方〉**1〜6** までは、同様に。

7
○巻き込みペープサートを回転させて裏を出す。

| ぞうちゃん | 「今日は楽しいひな祭り！みんなでひな飾りを見にきたよ。おひなさま、とってもきれい！今から『うれしいひなまつり』を歌ってお祝いするよ、◯◯組さんも歌ってね」 |

（みんなでいっしょに『うれしいひなまつり』（作詞／サトウ ハチロー　作曲／川村 光陽）を歌う）

| 保育者 | とってもにぎやかなひな祭りだったね。楽しかったね。 |

とってもにぎやかなひな祭りだったね

おしまい

行事を楽しもう ❷ 集会・いつでも

あなたの おなまえは

所要時間 **3分**

ちょこっとアレンジ
プータくんを使って
インタビューごっこ
プラス **+1** パターン
➡ P.40へ

行事で舞台上の子がガチガチに緊張してしまうこと、よくありますね。
インタビューごっこで遊んでおきましょう。

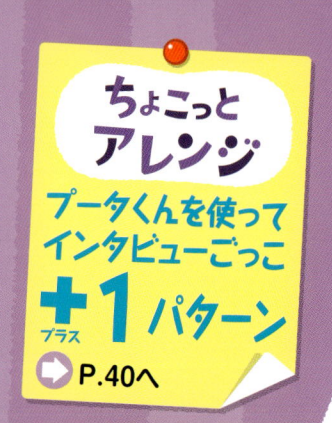

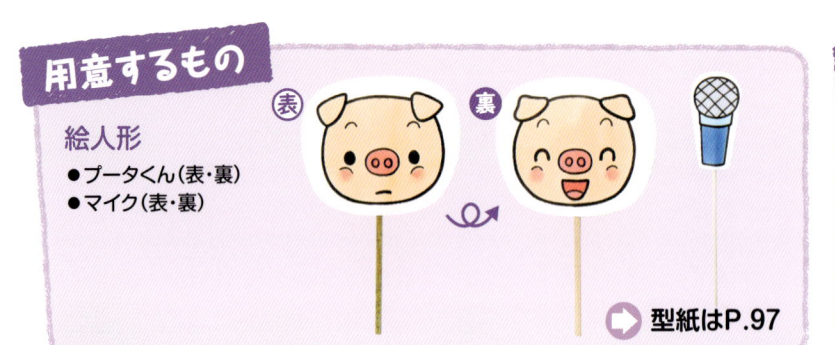

用意するもの

絵人形
● プータくん(表・裏)
● マイク(表・裏)

(表) (裏)

➡ 型紙はP.97

演じ方のポイント

★プータくんが先に見本を示してくれますから、クラスの実態に合わせて展開しましょう。
★最後は子どもたちのインタビュー遊びにうまくつないで、不安をなくしておきましょう。

〈演じ方〉

1

保育者　これからインタビュー遊びをしましょう。
今日は○○組さんへ、特別にステキなお友達に来てもらいました。

○プータくんの表を左手に持って出す。

保育者　こんなお友達です。

(子どもたちの反応を見て)

保育者　そう、ぶたさんです。

「そう、ぶたさんです」

2

○右手にマイクを持って

保育者　さあ、このお友達に、先生がインタビューしてみますよ。
まず、お名前を聞いてみましょう。

○保育者がマイクを使って歌う。

♪あなたの おなまえは
　あなたの おなまえは
　あなたの おなまえは

「♪あなたの おなまえは」

行事を楽しもう❷

3

○プータくんにマイクを向け、
　プータくんを少し動かしながら。

プータくん 「…山浦プータです」

○保育者がマイクを使って。

保育者 ○○組さん、お友達の名前は
山浦プータくんですって。

♪あらすてきな おなまえね

…山浦プータ
です

4

○以下同様にマイクのやり取りをしながら。

保育者 こんどは、何歳か聞いてみましょう。
プータくん 今、何歳ですか?

○プータくんを少し動かしながら。

プータくん 「○歳です」

保育者 まあ、みんなと同じ○歳ですって。
うれしいね。でも、プータくん。
少し緊張しているでしょう。

プータくん 「うん、ちょっと」

保育者 だいじょうぶ、プータくん。緊張しなくても
いいの。楽しくお話しましょう。

みんなと同じ
○歳ですって

行事を楽しもう
あなたの
おなまえは

5

保育者 それじゃ質問を変えて、
プータくんの好きな食べ物は何ですか?

○素早く反転させて。

プータくん 「ケーキ!
ぼくね、シートケーキだったら
2個くらい、3個くらい…。
ううん、5個くらい食べられるんだ」

ケーキ!
ぼくね…

6

保育者 すごーい…。
それでは好きな遊びはなんですか?

プータくん 「あのね、お砂場遊びでしょう、
かけっこでしょう、ブロックも絵本も大好き」

保育者 そうそうその調子。
プータくん、とってもステキな笑顔ですよ。
ねえ、みんな。プータくんステキでしたよね。
プータくんに拍手!

(みんなで拍手をする)

保育者 プータくんありがとうございました。
こんどは、○○組さんのお友達にインタビュー
するので、ここで見ていてくださいね。

プータくんに
拍手!

おしまい

行事を楽しもう❷ アレンジ

ちょこっとアレンジ
プータくんを使ってインタビューごっこ ＋1パターン

いろいろなインタビューで楽しめます。プータくんにインタビューしたら、子どもたちにもインタビューをして、コミュニケーションの楽しさを味わいましょう。

アレンジ　いろいろインタビュー

〈演じ方〉

あなたのなりたいものは

大きくなったら
なりたいものを
聞いてみましょう。

♪ ○○くんの
　なりたいものは…

○子どもが
「おまわりさん」と
答えたら

♪ あら ステキな なりたいものね

保育者　おまわりさんのどんなところが
　　　　ステキなんですか？

などと、話題を広げましょう。

（あら ステキな なりたいものね）

あなたのたいせつなおもちゃは

一番大切にしている
おもちゃを聞いて
みましょう。

（大切なおもちゃは？）

せんせいのすきなことは

「先生もみんなからインタビューしてもらいたく
なっちゃった。先生の好きなもの聞いてくれる人？」と、
子どもたちに呼びかけてみます。

♪ せんせいの
　すきなものは…

（先生の好きなもの聞いてくれる人？）

あなたのおなまえは

作詞／不明　インドネシア民謡

あー　なたのおなまえは○○○　あー　なたのおなまえは○○○
あー　なたのおなまえは○○○　あら　すてきなおなまえね

食育遊び

食に関するペープサートを紹介します。
子どもたちといっしょに楽しみながら、食への関心を
引き出せる内容になっています。
子どもとのやりとりでいろんな盛り上がり方が期待できますよ。

食育遊び ① 集会・いつでも　所要時間 5〜10分

クイズ
おいしくいただきます

クイズ形式で楽しみながら、食事のあいさつや味への関心を高めましょう。
子どもたちの思いも引き出せます。

ちょこっとアレンジ
絵人形はそのまま。
展開の変化で
プラス +1作品
➡ P.45へ

用意するもの

絵人形
- ぶた（表・裏）
- らいおん（表・裏）
- ぱんだ（表・裏）
- さる（表・裏）

ぶた（表・裏）　らいおん（表・裏）
ぱんだ（表・裏）　さる（表・裏）

➡ カラー型紙はP.76-77
　 標準型紙はP.98-99

演じ方のポイント

★ 表情豊かにおいしそうに歌いながら、子どもたちに優しく問いかけましょう。
★ 答えが出たら、子どもたちといっしょのかけ声で反転させてください。期待が高まります。

〈演じ方〉

1
○ぶたの表を持って。

保育者　あれー。だれかさんがおいしそうなおにぎりを食べようとしています。

♪おにぎり いただきます
　おくちを あーん
　もぐもぐもぐもぐ もーぐもぐ
　おいしく たべたの
　だーれ

子どもたち　ぶたさん！

（写真吹き出し：だれかさんがおいしそうなおにぎりを食べようとしています）

2
保育者　そうだね、この鼻はぶたさんみたいだね。
　　　　　いち にの さん！

○かけ声に合わせてタイミングよく反転させる。

保育者　それー。ぶたさんでした。

ぶた　「あー、おいしかった。ごちそうさまでした」

（写真吹き出し：ぶたさんでした）

食育遊び ❶

3

○らいおんの表を持って。

保育者 今度もだれかさんが
おいしそうなパンを食べようと
していますよ。

♪ぱんを いただきます
　おくちを あーん
　もぐもぐもぐもぐ もーぐもぐ
　おいしく たべたの
　だーれ

子どもたち らいおんさん!

♪おいしく たべたの だーれ

4

保育者 そう、このたてがみはきっと
らいおんさんだね。
いち にの さん!

○かけ声に合わせてタイミングよく反転させる。

保育者 それー。らいおんさんでした。

ぶた 「あー、おいしかった。
ごちそうさまでした」

あー、おいしかった

食育遊び おいしく いただきます

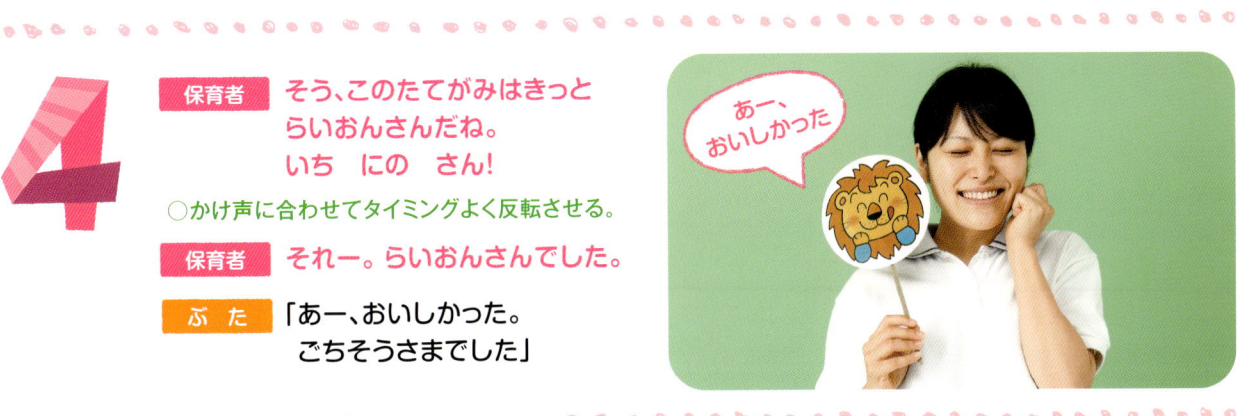

5

○ぱんだの表を持って。

保育者 今度はだれかさんが
おいしそうな飲み物を飲もうと
しています。

♪のみもの いただきます
　おくちを あーん
　ごくごくごくごく ごーくごく
　おいしく のんだの
　だーれ

子どもたち ぱんださん!

ごくごくごくごく ごーくごく

6

保育者 そうだね、この白と黒は…
いち にの さん!

○かけ声に合わせてタイミングよく反転させる。

保育者 それー。ぱんださんでした。

ぶた 「あー、おいしかった。
ごちそうさまでした」

それー ぱんださんでした

7

○さるの表を持って。

保育者 今度はだれかさんがおいしそうな果物を食べています。

♪ くだもの いただきます
　おくちを あーん
　ぱくぱくぱくぱく ぱーくぱく
　おいしく たべたの
　だーれ

子どもたち さるさん！

おくちを
あーん

8

保育者 きっと、そうだね。
　いち に の さん！

○かけ声に合わせてタイミングよく反転させる。

保育者 それー。さるさんでした。

さる 「あー、おいしかった。
　ごちそうさまでした」

保育者 みんなおいしそうに食べていましたね。それから「いただきます」と「ごちそうさまでした」のごあいさつもとってもじょうずでした。

ごちそうさま
でした

おしまい

おいしくいただきます

作詞／阿部 恵　作曲／佐藤 千賀子

明るく、元気に

お に ぎ り い た だ き ま す　お く ち を あ ー ん　も ぐ も ぐ も ぐ も ぐ

も ー ぐ も ぐ　お い し く た べ た の だ ー れ

食育遊び❶ アレンジ

ちょこっとアレンジ

絵人形はそのまま。
展開の変化で ＋1作品

絵人形はそのまま使います。
語りかけを変えて、子どもとのやりとりで楽しく遊びましょう。

おいしくたべたのなーに

〈演じ方〉

1と同様に行ないますが最後を
「♪…おいしく たべたの なーに
 さあ、何おにぎりを食べたと思いますか？」と、
子どもたちに尋ねます。
いろんな種類のおにぎりが出たところで、こんどは
「ぶたさん、何おにぎりでしたか？」
「私が今食べたのは…、梅おにぎり！」
「当たったお友達おめでとう。ところでぶたさん、
 梅おにぎりはどんな味でしたか？」
「あら、ぶたさんもう1個おにぎりを食べるそうですよ。
 また、当ててください」
などと遊びます。

さあ、何おにぎりを食べたと思いますか？

私が今食べたのは…、梅おにぎり！

食育遊び おいしくいただきます

♪ **おにぎり いただきます**
　 おくちを あーん
　 もぐもぐもぐもぐ もーぐもぐ
　 おいしく たべたの
　 なーに

※同様にパンや飲み物の種類を当てたり、
　果物は子どもたちの好きな果物を話し合ったりできます。

45

食育遊び ② いつでも

所要時間 5〜10分

元気のもと 3色カーペット

粘土を使った3色カーペットの台で食べ物の分類がかんたんに。子どもたちも興味を持って見てくれますよ。

ちょこっとアレンジ
絵人形をたくさん作って +1パターン
→ P.48へ

用意するもの

絵人形
- 3色カーペットの台

レッドグループ
- 魚
- 豆腐
- 味噌
- ヨーグルト

イエローグループ
- ごはん
- マヨネーズ
- ジャガイモ

グリーングループ
- レタス
- トマト
- ワカメ
- リンゴ

→ 型紙はP.100-101

演じ方のポイント

★一方的に話すのではなく、子どもの声も拾いながら進めましょう。
★「トマトはどのカーペットのグループだと思いますか？」などと質問もしてみましょう。

〈演じ方〉

1

保育者：先生の今日の朝ごはんは、ご飯に焼き魚。それと野菜サラダに味噌汁。それからデザートにヨーグルトとリンゴも食べてきました。

（子どもたちの反応を受けて）

保育者：みんなも朝ごはんに、いろいろなものを食べてきましたね。みんなも聞いたことがあると思うけれど、病気をしないで毎日元気に過ごすには、バランスよく好き嫌いしないでおいしく食事をすることがとても大事だそうですよ。

（吹き出し）先生の今日の朝ごはんは、ご飯に焼き魚…

食育遊び ❷

2

○ごはんをイエローカーペットの粘土に差しながら。

保育者 先生の朝ごはんだとね、ご飯はこのエネルギーのもとになる、パワーの出る黄色いイエローカーペットグループに入るんですって。

○魚をレッドカーペットの粘土に差しながら。

保育者 それから、焼き魚は血や肉といった体をつくるもとになる赤いレッドカーペットグループに。

> ご飯はパワーの出るイエローカーペットグループに

3

○レタスとトマトをグリーンカーペットの粘土に差しながら。

保育者 野菜サラダはレタスとトマトだったので、体の調子を整えるグリーンカーペットグループ。そうそう、サラダにマヨネーズがかかっていました。

○マヨネーズをイエローカーペットの粘土に差しながら。

保育者 マヨネーズはエネルギーのもとになるイエローカーペットグループだそうですよ。

> レタスとトマトはグリーンカーペットグループに

4

○ジャガイモをイエローカーペットに、ワカメをグリーンカーペットの粘土に差しながら。

保育者 それと、ジャガイモとワカメと豆腐のお味噌汁。ジャガイモはエネルギーのもとになるイエローカーペットに。

ワカメは、体の調子を整えるグリーンカーペットに。豆腐はレッドカーペットに…。あっ、忘れるところでした。

○味噌をレッドカーペットの粘土に差しながら。

保育者 お味噌汁はお味噌を使うからお味噌汁！お味噌も体をつくるもとになるレッドカーペットです。

> お味噌もレッドカーペットです

食育遊び　元気のもと3色カーペット

食育遊び❷ アレンジ

5

○ヨーグルトをレッドカーペットに、リンゴをグリーンカーペットの粘土に差しながら。

保育者 デザートにヨーグルトとリンゴを食べたので、ヨーグルトは体をつくるレッドカーペットに。リンゴは体の調子を整えるグリーンカーペットグループに…。

ヨーグルトとリンゴを食べたので…

○ひとつひとつを確かめながら。

保育者 これでおしまいですから見てみましょう。体をつくるもとになるレッドカーペットには、お魚と豆腐、お味噌とヨーグルト。エネルギーのもとになるイエローカーペットには、ご飯にマヨネーズにジャガイモ。体の調子を整えるグリーンカーペットには、レタスとトマトとワカメとリンゴがあります。どうでしょう。先生の今日の朝ごはんバランスの取れた朝ごはんだったかな。

（子どもたちの反応を確かめて）

おしまい

ちょこっとアレンジ 絵人形をたくさん作って **+1パターン**
ほかの食材の絵人形もたくさん作って遊びましょう。

今日の給食

〈遊び方〉
子どもたちといっしょに給食の食材を3色カーペットに分けて乗せてみましょう。

ほかにも

レッドカーペット	●肉　●ハム　●ウインナー　●卵　●牛乳　●納豆　●かまぼこ　など
イエローカーペット	●パン　●ラーメン　●スパゲティ　●うどん　●もち　●油　●バター　●サツマイモ　●砂糖　など
グリーンカーペット	●キャベツ　●キュウリ　●ニンジン　●ホウレンソウ　●カボチャ　●ダイコン　●イチゴ　●ミカン　など

上記のような絵人形を作り、子どもたちの朝ごはんやお弁当についても話し合って楽しめます。

生活習慣

伝え方が難しい生活習慣ですが、ペープサートを使って子どもたちに楽しく伝えられます。
子どもたちの年齢や発達に合わせて演じてみましょう。

生活習慣 ① いつでも

所要時間 3〜5分

歯磨き大嫌い
ムッシーとムッチー

虫歯菌のムッシーとムッチーが歯の汚い子を探しにきましたよ。どうしましょう…。

演じ方のポイント
★虫歯菌の歌を元気よくうたって、子どもたちにおおいにアピールしましょう。
★逃げる場面は、表と裏をうまく転換しながらセリフを言うと効果的です。

用意するもの
絵人形
- ムッシー1（表・裏）
- ムッチー1（表・裏）
- ムッシー2（表・裏）
- ムッチー2（表・裏）

ムッシー1　ムッチー1　ムッシー2　ムッチー2
表　表　表　裏　表　裏
裏　裏

→ 型紙はP.102

〈演じ方〉

1

○ムッシー1を右手、ムッチー1を左手に持ち、体の後ろに隠して。

保育者　あれ、あれ…。
ねえ、みんな、どこからか歌が聞こえてきましたよ。
静かに…。

「あれあれ」
「どこからか歌が聞こえてきましたよ」

生活習慣 ❶

○ムッシー1を『げんこつ山のたぬきさん』の替え歌でうたいながら出す。

ムッシー ♪ぼくは むしばきん
　　　　　ムッシーさ
　　　　　はみがき しないこ
　　　　　だいすきさ

○反転させて左右に動かしながら。

ムッシー ♪あっちに いるかな
　　　　　こっちに いるかな
　　　　　ラララ ラン

♪ぼくは むしばきん ムッシーさ♪

歯磨き しない子 だ～い好き!

ムッシー 「ぼくは虫歯菌のムッシー。
　　　　　歯磨きしない子や適当に
　　　　　クルクルとやっておしまいにする子
　　　　　だ～い好き!」

2

○ムッチー1を同様に替え歌でうたいながら出す。

ムッチー ♪わたしは むしばきん
　　　　　ムッチーよ
　　　　　はみがき しないこ
　　　　　だいすきよ

○反転させて左右に動かしながら。

ムッチー ♪あっちに いるかな
　　　　　こっちに いるかな
　　　　　ラララ ラン

♪わたしは むしばきん ムッチーよ♪

ムッチー 「わたしは虫歯菌のムッチー。
　　　　　いつもおやつを食べている子や
　　　　　口の中が汚れている子が
　　　　　だ～い好き!」

口の中が 汚れている子が だ～い好き!

生活習慣 歯磨きを大嫌い ムッシーとムッチー

3

ムッシー 「ねえ、ムッチー。
　　　　今日はたくさんの子どもがいる
　　　　○○園に、歯の汚い子を
　　　　探しに行こうぜ」

ムッチー 「そうね、子どもの歯はおいしいから、
　　　　汚れたところで仲間を
　　　　たくさん増やして
　　　　ドンドン食べましょう」

歯の汚い子を探しに行こうぜ

ぼくはこっちを探す！

わたしはあっちを探すわ！

ムッシー 「よし、ぼくはこっちを探す！」
ムッチー 「わたしはあっちを探すわ！」

○右左に退場させる。

4

保育者　○○組さん大変！
　　　　虫歯菌が○○園に汚い歯の子を
　　　　探しにやってくるんですって。
　　　　どうしよう。
（子どもたちの反応を確かめて）

保育者　そうだ、きっと虫歯菌たちは
　　　　歯みがきが大嫌いだと思うから、
　　　　みんなで『はをみがきましょう』の歌を
　　　　うたいましょう。
（みんなで『はをみがきましょう』を歌う）

はをみがきましょう
しゅっしゅっしゅっ♪

しゅっ　しゅっ　しゅっ

生活習慣 ❶

5

○ムッシー2とムッチー2を出しながら。

ムッシー	「ムッチー！」
ムッチー	「ムッシー！」
ムッシー	「あっ、ムッチー。 聞いた？　ぼくたちの大嫌いな歌！」
ムッチー	「聞いた、聞いた。 ムッシー、歯磨きが始まらないうちに 早く逃げましょう！」

ぼくたちの大嫌いな歌！

早く逃げましょう！

○ムッシー2とムッチー2を反転させながら逃げる。

| ムッシー・ムッチー | 「助けてー。歯みがき大嫌い。
逃げろ、逃げろ！」 |
| 保育者 | ああよかった。
虫歯菌のムッシーとムッチーは
逃げて行ったみたい。
でも、きっとまた来るから
食事をした後は、しっかり
歯みがきをしましょうね。 |

食事をした後は、しっかり歯みがきをしましょうね

おしまい

生活習慣　歯磨きを大嫌いムッシーとムッチー

はをみがきましょう

作詞・作曲／則武 昭彦

1. は　を　み　が　き　ま　しょう　しゅっ　しゅっ　しゅっ　ぶ　ら　し　の　た　い　そ　う
2. は　を　み　が　き　ま　しょう　しゅっ　しゅっ　しゅっ　こ　ろ　こ　ろ　う　が　い　も

おい　ち　に　おい　ち　に　じょう　ぶ　な　は　に　な　れ　しゅっ　しゅっ　しゅっ
ほ　ら　ね　ほ　ら　ね　ま　し　ろ　い　は　に　な　れ　しゅっ　しゅっ　しゅっ

53

生活習慣 ❷ いつでも

トイレちゃん 泣かないで

所要時間 3分

ちょこっとアレンジ
トイレ 手洗い・うがい ＋3作品
▶ P.56へ

トイレの使い方に乱れがあったときなどに、タイミングを計ってお話ししましょう。

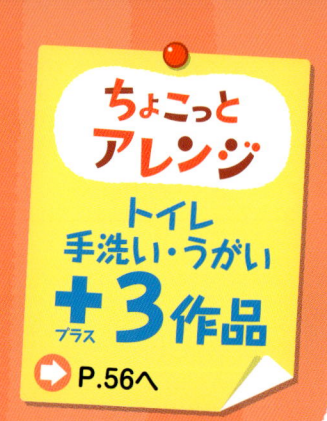

用意するもの

絵人形
● 洋式トイレ（表・裏）

表　裏

▶ 型紙はP.103

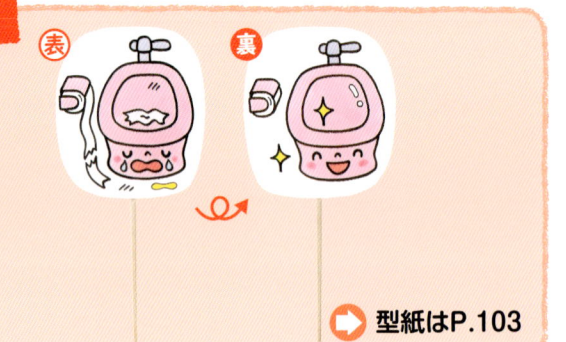

演じ方のポイント

★ 子どもたちの生活経験や園のトイレの状況などに合わせて語りましょう。
★ 解決にはどうしたらよいか子どもたちに問いかけをしながら進めてもよいでしょう。

〈演じ方〉

1
○洋式トイレの声で。

洋式トイレ「エ〜ン、エンエン。エ〜ン、エンエン…」

保育者 あら？　だれかが泣いていますよ。ここにいる○○組ではないみたい。

「エ〜ン、エンエン…」

2
○洋式トイレの表を出しながら。

洋式トイレ「クスン、クスン…」

保育者 まあ、トイレちゃん。いったいどうしたの？

洋式トイレ「あのね、先生。私のことみんなが使ってくれてうれしいんだけれど、見て！トイレットペーパーをくるくると巻いて使わなかったり、たくさん引っ張って使っている人がいるね。それから、使った後もちゃんと流さない人がいるから悲しくなっちゃったの」

「悲しくなっちゃったの」

生活習慣 ❷

3

保育者 ほんとだ、汚れている。
こんなに汚れていたら
次に入った人も使う気がしないね。
みんなもトイレちゃんの
悲しい気持ちがわかるよね。
どうやって、トイレを使ったら
いいんだっけ。
（子どもたちの反応を確かめて）

「ほんとだ、汚れている」

4

保育者 そうだね、みんなトイレの使い方
わかっているよね。
トイレちゃん、今日は先生が
きれいにお掃除してあげますから
待ってください。
○洋式トイレをきれいに掃除する動作をして。
保育者 さあきれいになりましたよ。

「先生がきれいにお掃除してあげます」

「ピカピカ！」

○反転させて。
洋式トイレ「わあ、ピカピカ！ うれしいな…」
保育者 これからみんな
トイレットペーパーもきちんと使うし、
お水も流すよね。
（子どもたちの反応を確かめて）

洋式トイレ「わあ、うれしいな。
これからはきれいに使ってね。
みんな待っているから
がまんしないで来てね」

「これからはきれいに使ってね」

おしまい

生活習慣 トイレちゃん泣かないで

生活習慣 ❷ アレンジ

ちょこっとアレンジ
トイレ 手洗い・うがい ＋3作品

ほかのトイレの使い方を伝えたり、手洗い・うがいについても絵人形を使い、タイミングを計ってお話ししたりしてみましょう。

アレンジ1 男児用トイレ

〈演じ方〉

男児用トイレの使い方を説明するときにも使えます。

「こんなに汚れちゃってぼく、とっても悲しいの」

用意するもの
絵人形
● 男児用トイレ（表・裏）

→ 型紙はP.103

アレンジ2 和式トイレ

〈演じ方〉

遠足前などで和式トイレを使わなくてはいけないときにお話しするときに使えます。

「和式トイレくん」「みんな使ってあげようね」

用意するもの
絵人形
● 和式トイレ（表・裏）

→ 型紙はP.103

アレンジ3 じょうずに手洗い・うがい

〈演じ方〉

すいどうを使って水の出しっぱなしについて注意を促したり、せっけんを使って手の洗い方やせっけんを付ける量、置き場所について、またタオルの使い方などを伝えることができます。
ブクブクうがい、ガラガラうがいもコップやすいどうを使ってお話しできます。

用意するもの
絵人形
● せっけん（表・裏）
● すいどう（表・裏）
● タオル（表・裏）
● コップ（表・裏）

→ 型紙はP.104

名作・おはなし

だれもが知っている日本の名作『桃太郎』と
世界の名作『てぶくろ』をペープサートで演じてみましょう。
どちらもペープサートの特性をうまく生かしているので、
絵本などとはまた違った感じ方を子どもたちはしてくれることでしょう。

名作・おはなし ① いつでも

所要時間 10分

桃太郎

子どもたちの大好きな桃太郎。
転画を生かした本式のペープサートで楽しめます。

演じ方のポイント
★ナレーションの語りをうまく生かして、場面をつなぎながら展開しましょう。
★登場人物の声の変化を意識すると臨場感が出てきて、子どもたちはうんと楽しめます。

用意するもの

絵人形
- 桃とおじいさんおばあさん（表・裏）
- 桃太郎1
- 桃太郎2
- 桃太郎3（表・裏）
- いぬ（表・裏）
- さる（表・裏）
- きじ（表・裏）
- きびだんご（表・裏）
- 鬼が島の岩（裏 宝を車に積んだ桃太郎）
- 青鬼と戦ういぬ・さる・きじ（表・裏）
- 赤鬼と戦う桃太郎（表・裏）
- ペープサートの台

型紙はP.105〜108

〈演じ方〉

1

○舞台中央に桃とおじいさんおばあさんの表を出しながら。

ナレーション むかしむかし、あるところに
おじいさんとおばあさんがいました。
ある日、おじいさんが山から帰ってくると
家に大きな桃がありました。
おばあさんが川で洗たくをしていると、
この大きな桃が
"どんぶらこー どんぶらこー"と
おばあさんの目の前まで流れてきたので、
拾ってきたというのです。
おじいさんは、桃を
切ってみようとしました。

どんぶらこー どんぶらこー

名作・おはなし ①

2

○桃とおじいさんおばあさんを反転させて裏を出しながら。

ナレーション するとどうでしょう。桃の中から元気な男の子の赤ちゃんが生まれました。ふたりは喜んで桃太郎と名づけました。

○桃とおじいさんおばあさんを外す。

> 元気な男の子の赤ちゃんが生まれました

3

○桃太郎1を出す。

ナレーション 桃太郎はごはんを1杯食べれば1杯分、2杯食べれば2杯分とどんどん大きくなりました。

○直角転画で桃太郎2を出す

> 1杯食べれば1杯分

> 2杯食べれば2杯分

ナレーション そして、りっぱな若者になりました。ちょうどそのころ、村に悪い鬼が出て村の人を困らせていました。桃太郎は

桃太郎 「そんな鬼は許せない！私を鬼退治に行かせてください」

ナレーション と、おじいさんとおばあさんに頼んで鬼が島に鬼退治に行くことにしました。

> 鬼退治に行かせてください

名作・おはなし 桃太郎

4

○桃太郎3に直角転画をしながら。

ナレーション 桃太郎はおばあさんに日本一のきびだんごを作ってもらい腰に下げ、おじいさんには羽織やはかまや刀を用意してもらいました。

桃太郎 「おじいさんおばあさん、きっと鬼を退治してきます」

ナレーション 桃太郎は鬼が島へ向かって歩き出しました。

きっと鬼を退治してきます

5

○桃太郎を上手に向かって歩かせる。

ナレーション しばらく行くと、いぬに会いました。

○いぬを上手から出しながら。

いぬ 「桃太郎さん、桃太郎さんお腰に付けた日本一のきびだんごをください。おともします」

桃太郎 「よしやろう。きびだんごを食べれば百人力」

○いぬにきびだんごを渡す。

いぬに会いました

きびだんごを食べれば百人力

6

○桃太郎といぬを上手に向かって歩かせる。

ナレーション 桃太郎といぬが行くと、さるに会いました。

○さるを上手から出しながら。

さる 「桃太郎さん、桃太郎さんお腰に付けた日本一のきびだんごをください。おともします」

桃太郎 「よしやろう。きびだんごを食べれば百人力」

○さるにきびだんごを渡す。

桃太郎さん、桃太郎さん

名作・おはなし ❶

7

○桃太郎といぬ・さるを
　上手に向かって歩かせる。

ナレーション 桃太郎と
いぬとさるが行くと、
今度はきじに会いました。

○きじを上手から出しながら。

きじ 「桃太郎さん、桃太郎さん
お腰に付けた日本一の
きびだんごをください。
おともします」

「きびだんごを
ください」

「よしやろう」

桃太郎 「よしやろう。
　　　きびだんごを食べれば百人力」

○きじにきびだんごを渡す。

「よいしょ」

○ペープサート台を持って
　左右に動かしながら。

「よいしょ」

ナレーション 桃太郎といぬ・さる・きじは
鬼が島に向かって急ぎました。

名作・おはなし　桃太郎

61

8

○鬼が島の岩を出す。

ナレーション 鬼が島に着くと…。

○桃太郎といぬ・さる・きじを
上手に向かって歩かせ、外しながら。

ナレーション すぐに青鬼に出会いました。

○鬼が島の岩を外し、
青鬼と戦ういぬ・さる・きじの表を
中央に出す。

「鬼が島に着くと…」

青鬼「だれだ、この島に
だまってやってきたやつは!」

いぬ・さる・きじ「日本一の桃太郎さんと
おれたちが、村の人を困らせる
悪い鬼を退治に来たんだ!
日本一のきびだんごを食べたら
百人力!」

青鬼「わー、はっはっ!
お前たちがこのおれを?
かかって来い!」

「だれだ、この島にだまってやってきたやつは!」

○青鬼と戦ういぬ・さる・きじを
表裏回転させながら。

いぬ・さる・きじ「それ! えい! やっ!」
青鬼「えーい、こしゃくなー」

「それ! えい! やっ!」

「えーい、こしゃくなー」

「いまだ、えーい!」

○何度か絵人形を表裏回転させ、
きりのよいところで

いぬ・さる・きじ「いまだ、えーい!」
青鬼「うわー!」

○青鬼と戦ういぬ・さる・きじを
外しながら、

ナレーション いぬ・さる・きじは
青鬼を退治しました。

名作・おはなし ❶

9

○赤鬼と戦う桃太郎の表を出しながら。

ナレーション 次に出てきたのは赤鬼です。

赤鬼 「桃太郎だと、
　　　この赤鬼様にかなうものか！」

桃太郎 「きっとおまえを退治してやる！
　　　日本一のきびだんごを食べたから百人力！」

赤鬼 「さあ、かかって来い！」

桃太郎 「行くぞ、それ！」

（きっとおまえを退治してやる！）

○赤鬼と戦う桃太郎を表裏回転させながら。

桃太郎 「とう！　とう！　やっ！」

赤鬼 「なにを、えーい！」

（なにを、えーい！）

○何度か絵人形を表裏回転させ、きりのよいところで。

桃太郎 「これでどうだ、えーい!!」

赤鬼 「うわっ、助けてくれー！
　　　宝はお返しします…」

（これでどうだ、えーい!!）

10

○赤鬼と戦う桃太郎を外しながら。

ナレーション こうして、桃太郎と
いぬ・さる・きじは鬼たちを
退治することができました。

○宝を車に積んだ桃太郎を出しながら。

ナレーション そして、たくさんの宝物を
車に積んで村に帰りました。
村の人は桃太郎の勇気と
力を褒めてくれました。
その後、桃太郎は
おじいさんとおばあさんと
いつまでも幸せに
暮らしたということですよ。

（いつまでも幸せに暮らしたということですよ）

名作・おはなし　桃太郎

おしまい

名作・おはなし ❷ 冬・いつでも

所要時間 13分

てぶくろ

動物たちの楽しいやり取りと優しさ。おじいさんと犬が歩いていく雪原がいつまでも心に残ります。

演じ方のポイント
★ナレーションの語りと間をうまく生かして、絵人形を操作しましょう。
★登場する動物の特色を生かしたかけ合いで、リズムを作って演じましょう。

用意するもの

絵人形
- 雪野原1
- 雪野原2
- おじいさん（表・裏）
- 犬（表・裏）
- 小さな手袋
- 大きな手袋
- ちゅうちゅうねずみ（表・裏）
- ぴょんぴょんうさぎ（表・裏）
- こんこんきつね（表・裏）
- ぶーぶーいのしし（表・裏）
- どんどんぐま（表・裏）
- ペープサートの台

➡ カラー型紙はP.78〜80
　標準型紙はP.109〜111

〈演じ方〉

1

○下手から犬とおじいさん登場。
　上手にゆっくり向かいながら。

ナレーション　寒い国のお話です。
「わんわん、わんわん」
一匹の犬とおじいさんが、
雪の野原を歩いていました。

○おじいさんの後ろに手袋を出す。

ナレーション　おじいさんは雪の上に
手袋を片方落としてしまいましたが、
気がつかないまま向こうのほうに
行ってしまいました。

○犬・おじいさん、上手に退場。

> 手袋を片方落としてしまいましたが…

名作・おはなし②

2

○下手からちゅうちゅうねずみ登場。

ナレーション しばらくすると、そこへちゅうちゅうねずみがやってきて…。

ちゅうちゅうねずみ 「ちゅうちゅうちゅう。あれ、何か落ちているぞ」

「あれ、何か落ちているぞ」

「ここで暮らすことにしよう」

○中央で手袋と大きな手袋を入れ替える。

ちゅうちゅうねずみ 「わぁー、あったかそうな手袋！ここで暮らすことにしよう」

○手袋にちゅうちゅうねずみを足から入れる。

3

○下手からぴょんぴょんうさぎ登場。

ナレーション またしばらくすると、こんどはぴょんぴょんうさぎがやってきました。

ぴょんぴょんうさぎ 「まぁ、あったかそうな手袋！こんなところに住みたいわ…」

○手袋をのぞいてみる

ぴょんぴょんうさぎ 「あっ、だれかいる。この手袋に住んでいるのはだれですか？」

「こんどはぴょんぴょんうさぎがやってきました」

「わたしはぴょんぴょんうさぎ わたしも入れて」

○ちゅうちゅうねずみを出して。

ちゅうちゅうねずみ 「ぼくはちゅうちゅうねずみ。きみは、だあれ？」

ぴょんぴょんうさぎ 「わたしはぴょんぴょんうさぎ。わたしも入れて」

ちゅうちゅうねずみ 「いいよ！」

ぴょんぴょんうさぎ 「おじゃましますね」

○手袋にぴょんぴょんうさぎを足から入れる。

ナレーション これで手袋の中は2匹になりました。

名作・おはなし てぶくろ

4

○下手からこんこんきつね登場。

ナレーション	またしばらくするとこんどはこんこんきつねがやってきました。
こんこんきつね	「わあ、あったかそうな手袋！こんなところに住みたいな…」

○手袋をのぞいてみる。

こんこんきつね	「あっ、だれかいる。この手袋に住んでいるのはだれ？」

○ちゅうちゅうねずみ・ぴょんぴょんうさぎを出して。

「わあ、あったかそうな手袋！」

ちゅうちゅうねずみ	「ぼくはちゅうちゅうねずみ」
ぴょんぴょんうさぎ	「わたしはぴょんぴょんうさぎ。あなたはだあれ？」
こんこんきつね	「ぼくはこんこんきつね。ぼくも入れて」
ちゅうちゅうねずみ・ぴょんぴょんうさぎ	「いいよ！」

「ぼくはこんこんきつね ぼくも入れて」

○手袋にこんこんきつねを足から入れる。

こんこんきつね	「おじゃまします」
ナレーション	これで手袋の中は3匹になりました。

5

○下手からぶーぶーいのしし登場。

ナレーション	またしばらくするとこんどはぶーぶーいのししがやってきました。
ぶーぶーいのしし	「まあ、なんてあったかそうな手袋！こんなところに住みたいな…」

「こんどはぶーぶーいのししがやってきました」

○手袋をのぞいてみる。

ぶーぶーいのしし	「あっ、だれかいる。この手袋に住んでいるのはだれですか？」

○ちゅうちゅうねずみ・ぴょんぴょんうさぎ・こんこんきつねを出して。

ちゅうちゅうねずみ	「ぼくはちゅうちゅうねずみ」
ぴょんぴょんうさぎ	「わたしはぴょんぴょんうさぎ」
こんこんきつね	「ぼくはこんこんきつね」
ぶーぶーいのしし	「わたしはぶーぶーいのしし。わたしも入れて」

「わたしはぶーぶーいのしし わたしも入れて」

名作・おはなし ②

ちゅうちゅうねずみ・ぴょんぴょんうさぎ・こんこんきつね 「いいよ!」

○手袋にぶーぶーいのししを足から入れる。

ぶーぶーいのしし 「まあ、うれしい。
おじゃましますよ」

ナレーション これで手袋の中は4匹。
だいぶきゅうくつに
なりました。

「まあ、うれしい
おじゃま
しますよ」

6

○下手からどんどんぐま登場。

ナレーション またまたしばらくすると、
こんどはどんどんぐまが
やってきました。

どんどんぐま 「おや、なんてあったかそうな手袋!
こんなところに住みたいな…」

○手袋をのぞいてみる。

どんどんぐま 「あっ、だれかいるぞ。
この手袋に住んでいるのはだあれ?」

○ちゅうちゅうねずみ・ぴょんぴょんうさぎ・こんこんきつね・ぶーぶーいのししを出して。

「おや、なんて
あったかそうな
手袋!」

ちゅうちゅうねずみ 「ぼくはちゅうちゅうねずみ」
ぴょんぴょんうさぎ 「わたしはぴょんぴょんうさぎ」
こんこんきつね 「ぼくはこんこんきつね」
ぶーぶーいのしし 「わたしはぶーぶーいのしし。
あなたはだあれ?」
どんどんぐま 「おいらはどんどんぐま。
おいらも入れておくれ」

「すごく
きゅうくつになる
けど…いいよ!」

ちゅうちゅうねずみ・ぴょんぴょんうさぎ・こんこんきつね・ぶーぶーいのしし 「すごくきゅうくつになるけど…いいよ!」

○手袋にどんどんぐまを足からむりやり押し込むように入れる。

どんどんぐま 「おや、うれしい。
それではおじゃま…、おじゃま…、
おじゃましますよ」

○手袋を動かしながら。

ナレーション 手袋の中は5匹。
はじけるほどきゅうくつになりました。

「それではおじゃま…、
おじゃま…、おじゃま
しますよ」

名作・おはなし てぶくろ

名作・おはなし❷

7

ナレーション　さて、森を歩いていた
おじいさんは、手袋を片方
落としたことに気がついて、
犬と探しに戻ってきました。
犬は遠くにある
おじいさんの手袋がにおいで
すぐにわかったので
「わんわん、わんわん」と
吠えました。

「わんわん、わんわん」

○動物をあちこちに逃がしながら。

ナレーション　それに驚いたのは動物たち。
森のあちこちに
「ちゅうちゅう」
「ぴょんぴょん」
「こんこん」
「ぶーぶー」
「どんどん」と
逃げていきました。

「森のあちこちに逃げていきました」

○手袋を入れ替える。

8

○犬とおじいさんを中央に進め
　手袋を外した後、上手に進める。

ナレーション　さて、手袋を見つけたおじいさんは、
犬とまた森のほうに歩いて行きました。
野原はまた元のように静かになりました。

「野原はまた元のように静かになりました」

おしまい

ペープサートを作ろう！演じよう！

ここでは絵人形の作り方や保存のしかた、演じ方などを紹介します。
紙と割りばしで簡単に作れるペープサート。
絵人形の動かし方や演じ方のコツをつかんで、
子どもたちのハートもがっちりつかみましょう！

絵人形の作り方 ➡ P.70

段ボール舞台の作り方 ➡ P.71

絵人形の動かし方 ➡ P.72

演じ方のポイント ➡ P.73

舞台設定のポイント ➡ P.74

絵人形の作り方

ここでは基本的な絵人形の作り方を紹介します。
巻き込みペープサートや段ボールを利用した絵人形の
作り方は、型紙ページをご覧ください。

用意するもの

- 画用紙
- 全芯ソフト色鉛筆 または 水彩絵の具、マーカーなど
- 油性フェルトペン
- 両面テープ、スティックのり
- ハサミ
- 割りばし または ペープサート用竹ぐし

1 画用紙に型紙を拡大コピーし、着色して、油性フェルトペンで縁取りします。
画用紙にコピーできない場合は、普通紙にコピーして画用紙にはります。

※下の余白は割りばしや竹ぐしを入れてはり合わせる前に必ず切り落とします。

2 割りばしまたは竹ぐしを両面テープで留め、スティックのりで表と裏をはり合わせます。

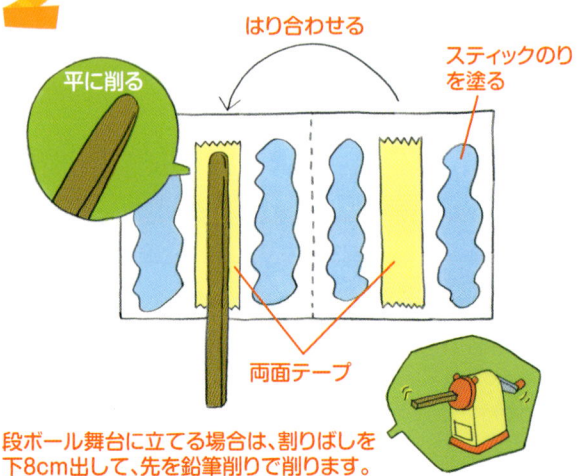

- 平に削る
- はり合わせる
- スティックのりを塗る
- 両面テープ

段ボール舞台に立てる場合は、割りばしを下8cm出して、先を鉛筆削りで削ります。

3 余白を切り落としてでき上がり。
カラー型紙は、カラーコピーで拡大し着色せずにそのまま同じように作成します。

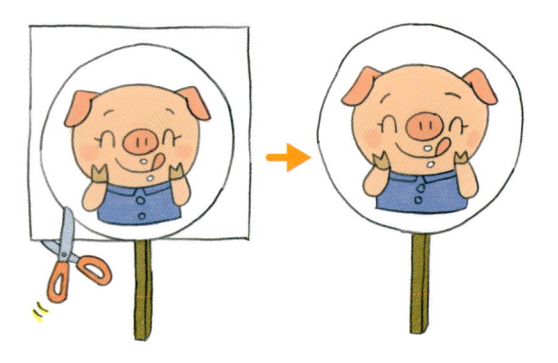

※裏面のないものは白い画用紙を裏にはります。

保存方法

ボール紙でケースを作って入れておくと、折れたり曲がったりしません。
出し入れがしやすいように幅に余裕を持たせ、くしが出るような深さにします。
表に作品名や製作年月日、原作者名、自分の名前、絵人形を出す順番などを書いておくと便利です。

- くしが出る深さ
- 出す順番に書いておくと、出すときもかたづけるときも便利

段ボール舞台の作り方

ペープサートを作ろう！演じよう！

基本的な段ボール舞台の紹介です。
演じる作品によって、工夫してください。

用意するもの
- 段ボール箱（約60cm×20cm以上）
- カッターナイフ
- 定規
- クラフトテープ
- 両面テープやのりなど
- 色画用紙

1 段ボール箱を下から15cmの位置で図のように切ります。

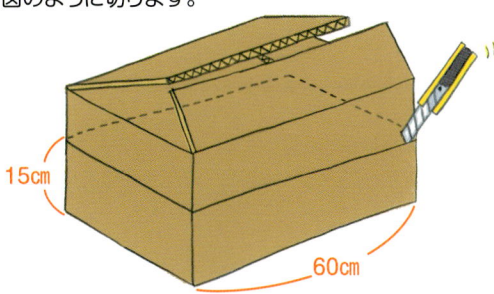

15cm　60cm

2 切った段ボールの半分くらい、約20cmを残して切り落とします。

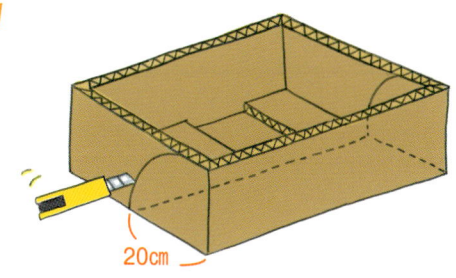

20cm

3 段ボールの浮いている部分をクラフトテープで留め、舞台正面と横に色画用紙などをはります。

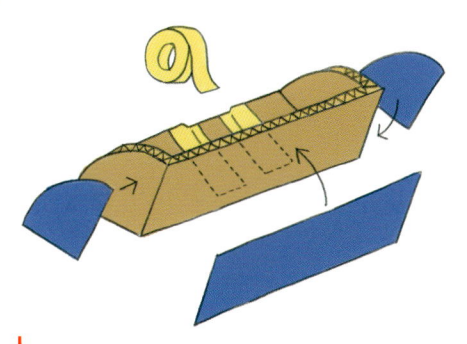

4 絵人形を差す部分を舞台の内側にクラフトテープか接着剤で付けます。
段ボールを重ねる枚数や高さを変えるなど、工夫してみましょう。

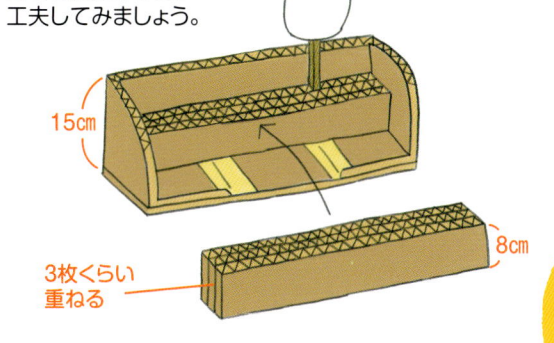

15cm　8cm　3枚くらい重ねる

ひかりのくに

ペープサート竹セット
ペープサートの絵人形製作で使用する竹ぐしのセットです。
長さ／約28cm
20本　560円税込（534円税別）

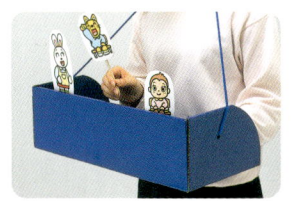

ペープサートとごっこ遊びの舞台
肩から掛けてどこでも演じられる便利なペープサートの舞台です。
大きさ／幅50cm×奥行25cm×高さ15cm
重量／370g
1,575円税込（1,500円税別）

お求めは、ひかりのくに営業マン、またはお近くのひかりのくに代理店まで。

絵人形の動かし方

絵人形の持ち方から歩行や会話、絵人形に命を吹き込む動かし方の基本をマスターしましょう。

絵人形の持ち方

親指とひとさし指、中指で持ちます。

表裏の転画

親指で持ち手を半回転させると裏面が出ます。逆に回転させると元の絵になります。このすばやい転画がペープサートの特色です。

歩行

絵人形のくしの下部を前方に移動させ、続けて絵人形の上部を前方へ移動させます。これを連続的に行なうと歩いているように演じられます。

悪い例 ✕

絵人形の上部だけを振っても歩いているようには見えません。

会話

2つの絵人形をそれぞれ両手に持ち、会話をしているように演じる場合は、話しかけるほうだけを少し動かし聞くほうは動かしません。

桃太郎さん
桃太郎さん

悪い例 ✕

両方動かしていると、子どもたちはどちらが話しているのかわからなくなります。

直角転画（絵人形の入れ替え）

舞台の中央で絵人形を入れ替える場合には直角転画という方法を使います。入れ替えたい絵人形を舞台裏で図のように直角に持ち、90度回転させて入れ替えます。

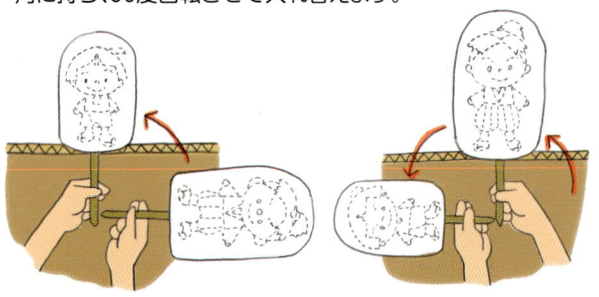

登場・退場

基本的に、絵人形は舞台の端からスーッと出し入れします。

※例外として舞台の途中から出たり入ったりすることもあります。

ペープサートを作ろう！演じよう！

演じ方のポイント

演じ方のポイントを紹介します。絵人形の動かし方と併せて、しっかりと自分のものにしていきましょう。

POINT 1 子どもたちの目線に合わせる

絵人形を垂直・水平に持ち、子どもの目線の角度に合わせましょう。

POINT 2 絵人形を動かすときは

難しい操作はありませんが、絵人形を動かしすぎずに、動かすときは意味のある動きを心がけます。

POINT 3 間を生かす

「今度は小鳥さんの巣の中に…」

入退場や場面転換のときなど、間があいて不安に感じることがあるかもしれませんが、その間も大切と考えて焦らずに演じましょう。

POINT 4 始まりと終わり

「はじまりはじまり〜」
「プレゼントのペープサート、おしまい♪」

「ペープサート○○です。はじまり、はじまり〜」「○○のペープサート、おしまい」などと始まりと終わりをはっきりと表現します。

ペープサートを作ろう！演じよう！

ペープサートを作ろう！演じょう！

舞台設定のポイント

舞台を使う場合は、舞台設定も
ペープサート成功のかぎを握る一因となります。

POINT 1
舞台の高さ
子どもたちの目線を考えて見やすい位置に設定しましょう。

POINT 2
舞台の使い方
子どもから見て、右側が上手、左側が下手になります。絵人形を登場させたり、退場させたりする場合は、原則として舞台の端から端まで使います。風景画や動きの止まった絵人形は穴に立てます。

舞台の位置
舞台をテーブルに乗せる場合は手前に絵人形を置くスペースを取っておきます。

POINT 3
絵人形の置き方
お話の内容に合わせて、登場させる位置に順番に並べて置いておきましょう。

POINT 4

ペープサート型紙

型紙ページの使い方

- この型紙は基本の作品についてはすべて200%に拡大コピーをして使うとちょうどよい大きさになります。使用場面に合わせて、拡大・縮小してお使いください。
- まず、全体を原寸大でコピーして必要な絵人形(1～2つ)を選んで切り分けそれから拡大するとむだなく拡大できます。
- コピーする紙は、画用紙など少し厚手のものを使用するとよいでしょう。
- カラーの型紙はカラーコピーをしてそのまま使用できます。
- 点線(……)は、絵人形製作の最後で余白を切り取る線です。
- 基本の作り方(P.70)以外は、それぞれの型紙ページに作り方を載せています。

食育遊び

P.42

クイズ おいしくいただきます

この型紙は、**200%拡大**して使用してください。
モノクロの型紙はP.98にあります。

200%拡大 ✂

↓ ぶた裏

↓ らいおん裏

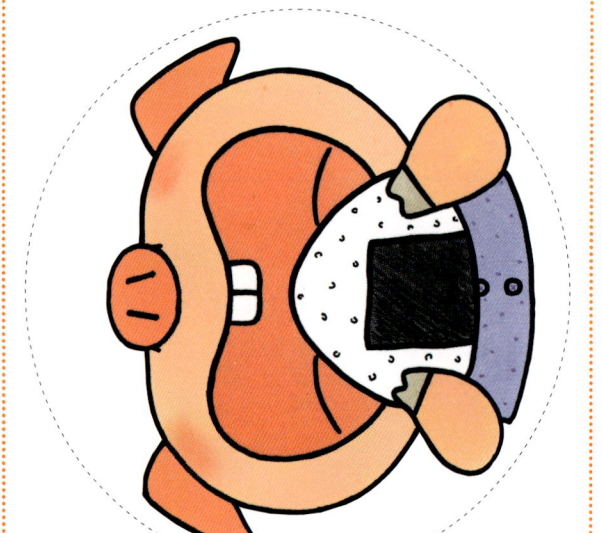

表裏はり合わせ

表裏はり合わせ

↑ ぶた表

↑ らいおん表

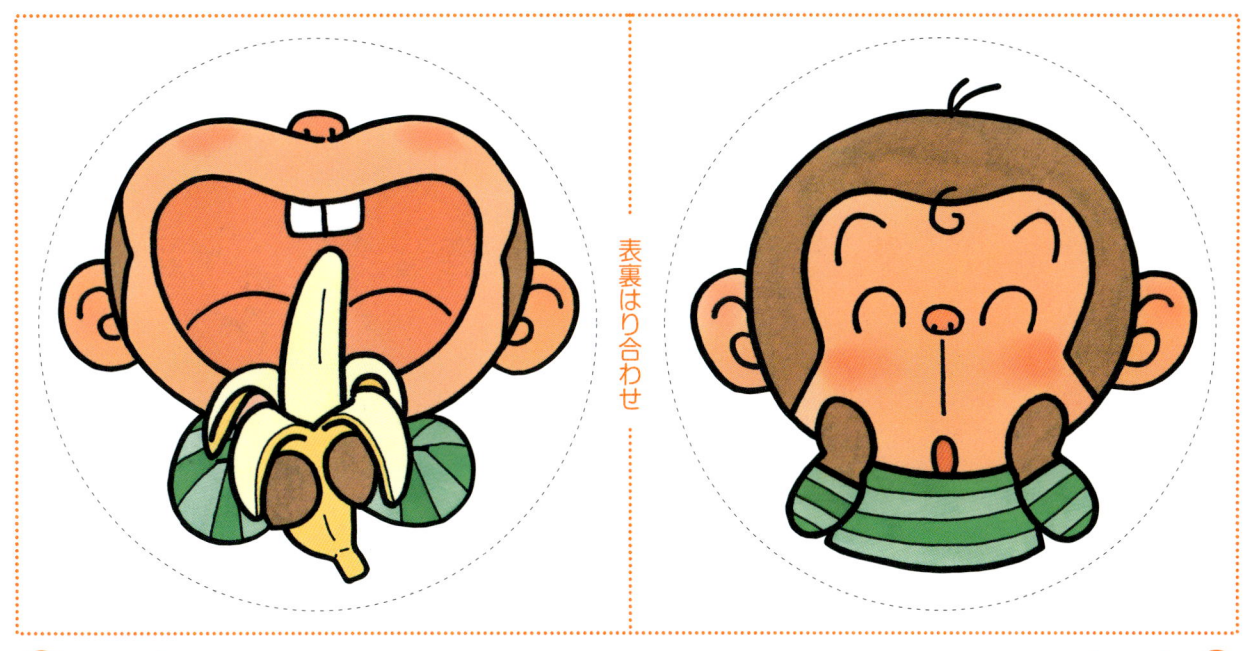

↑ ぱんだ表　　　　　　　　　　　　　　　　　　ぱんだ裏 ↑

表裏はり合わせ

↑ さる表　　　　　　　　　　　　　　　　　　さる裏 ↑

表裏はり合わせ

型紙

名作・おはなし **P.64**

てぶくろ

この型紙は、**200%拡大**して使用してください。
モノクロの型紙はP.109にあります。

200%拡大

← 雪野原1

雪野原2 →

※裏面は白い画用紙をはります。

表裏はり合わせ

↑ おじいさん

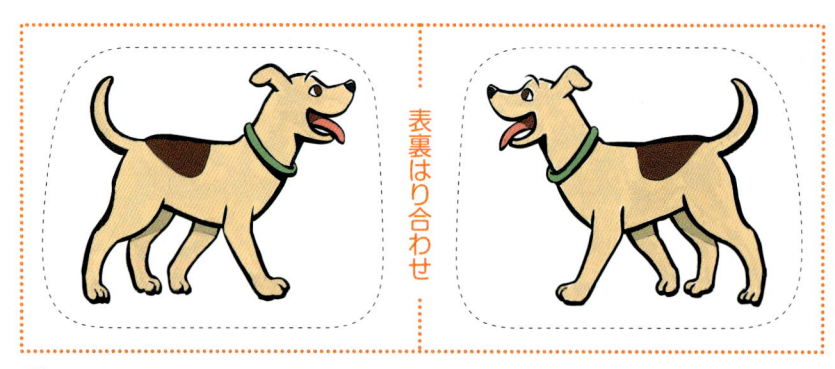

表裏はり合わせ

↑ 犬

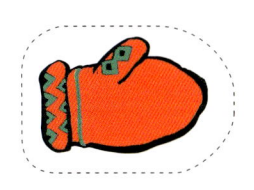

↑ 小さな手袋
※裏面は白い画用紙をはります。

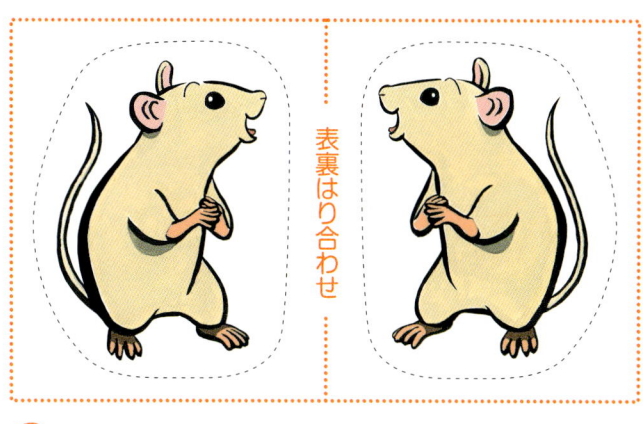

↑ ちゅうちゅうねずみ

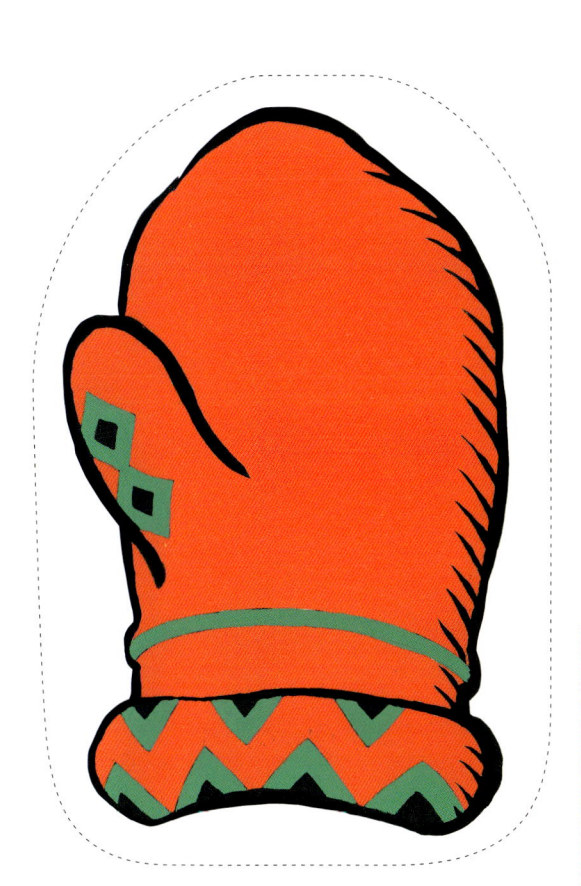

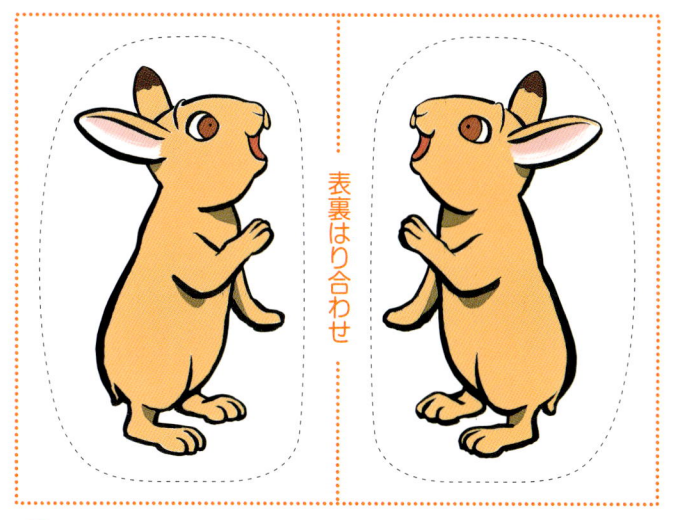

表裏はり合わせ

↑ ぴょんぴょんうさぎ

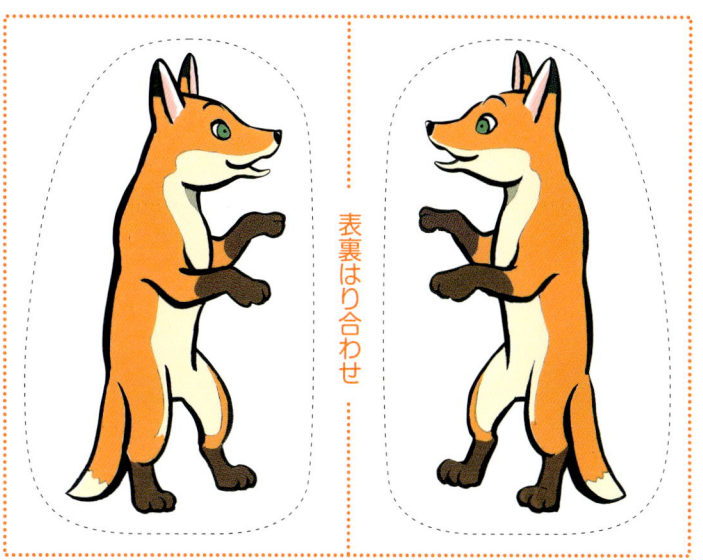

表裏はり合わせ

↑ 大きな手袋
※裏面は白い画用紙をはります。

↑ こんこんきつね

表裏はり合わせ

型紙

表裏はり合わせ

⬆ ぶーぶーいのしし

表裏はり合わせ

⬆ どんどんぐま

200% 拡大

歌って遊ぼう P.8
きいてみましょう ありさんのおはなし

この型紙は、200%拡大して使用してください。

← あり1表

200%拡大

表裏はり合わせ

用意するもの
- 全芯ソフト色鉛筆など着色できるもの
- ハサミ
- スティックのり
- うちわ
- 両面テープ

作り方
① 拡大コピーした型紙に着色し、ハサミで切り取る。

② うちわ全体にスティックのりを塗り、絵柄がずれないように表と裏にはる。
全面にのりを塗る／はる／両面テープ

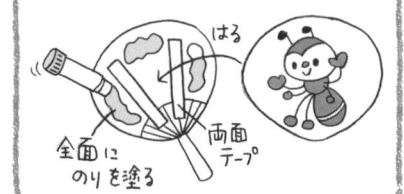

あり1裏 ↑

型紙

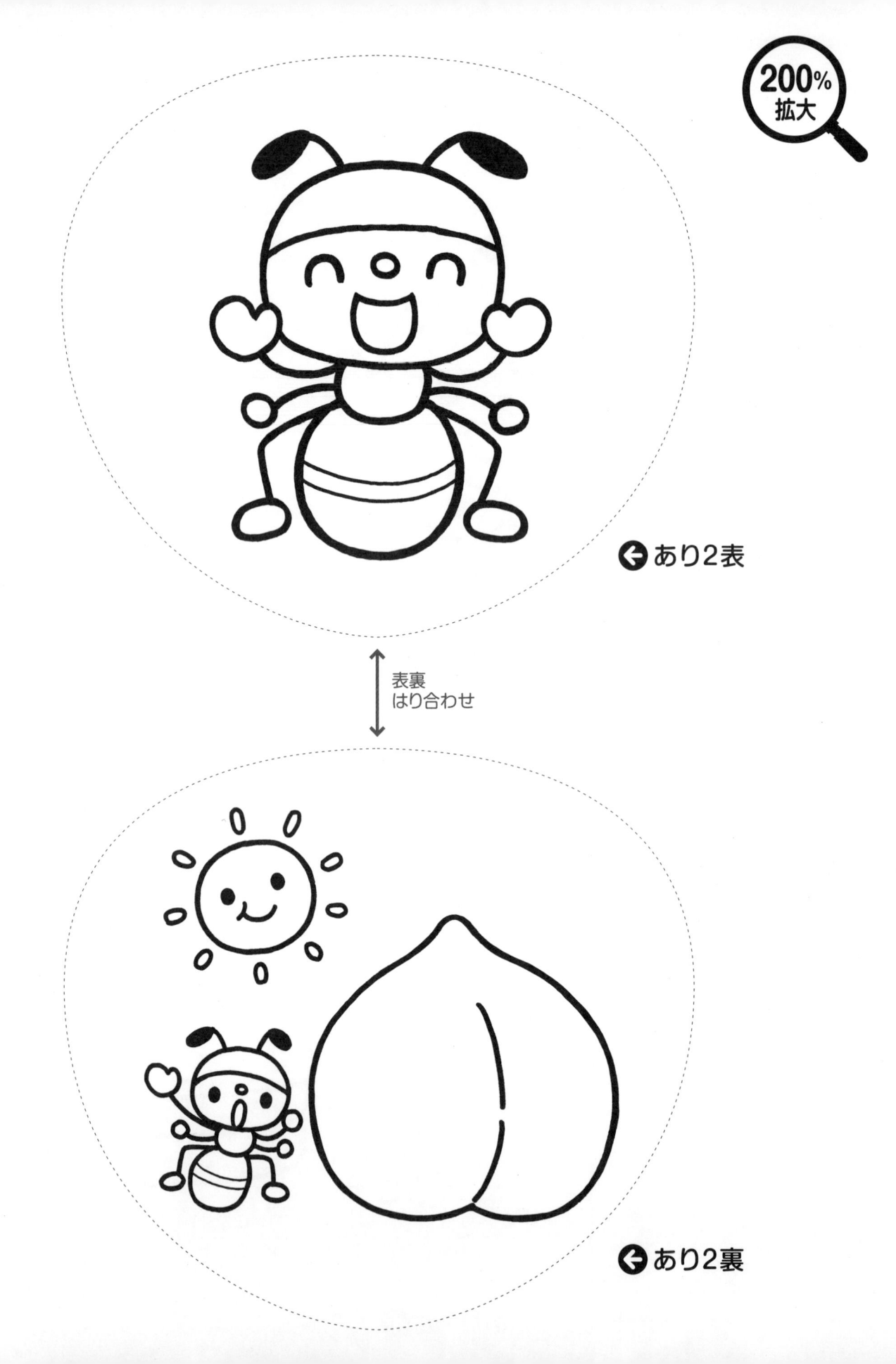

200%拡大

← あり2表

表裏
はり合わせ

← あり2裏

歌って遊ぼう P.10　やぎさんゆうびん

この型紙は、**400%拡大**して使用してください。

400%拡大

⤴ 白やぎ表

⤴ 黒やぎ表

↕ 表裏はり合わせ

↕ 表裏はり合わせ

⤵ 白やぎ裏

⤵ 黒やぎ裏

歌って遊ぼう P.11　とんぼのめがね

この型紙は、**400%拡大**して使用してください。

400%拡大

⬇ 水色めがねのとんぼ表

⬇ 水色めがねのとんぼ裏

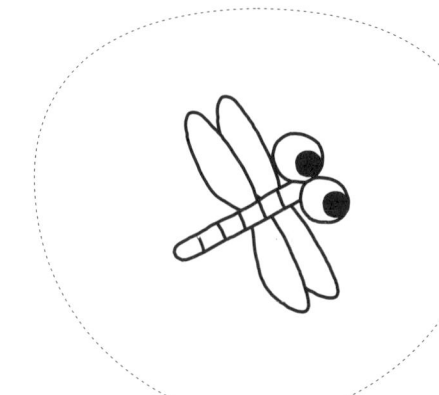

↔ 表裏はり合わせ

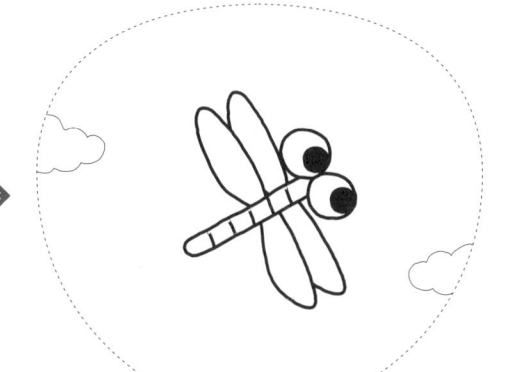

型紙

↙ ぴかぴかめがねの
とんぼ表

↙ 赤色めがねの
とんぼ表

↕ 表裏
はり合わせ

↕ 表裏
はり合わせ

↗ ぴかぴか
めがねの
とんぼ裏

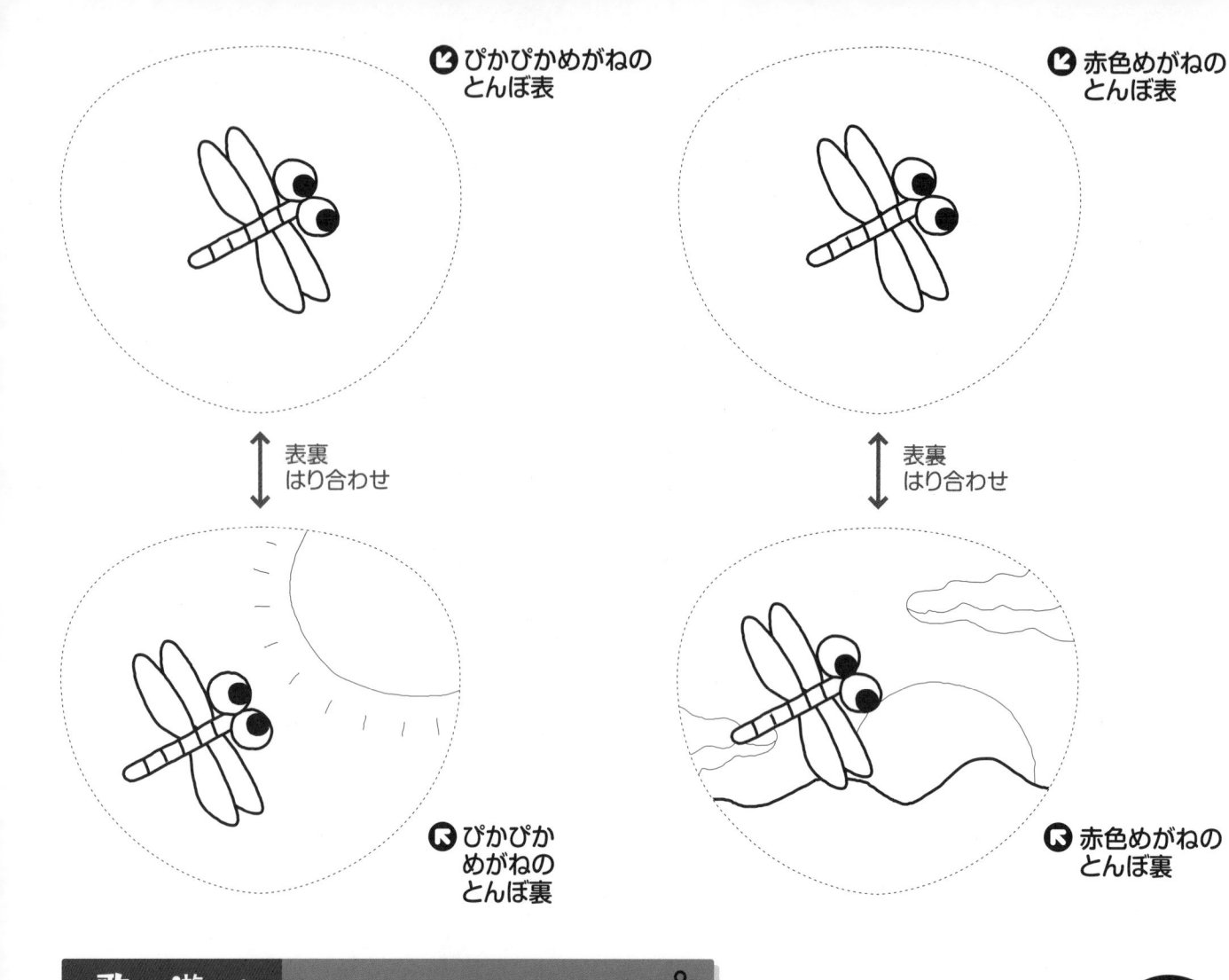

↗ 赤色めがねの
とんぼ裏

歌って遊ぼう P.11　もみじ
この型紙は、400%拡大して使用してください。

400%拡大

↓ もみじ1裏

↑ もみじ表
（1・2共通）

↑ もみじ2裏

歌って遊ぼう P.11 コンコンクシャンのうた

この型紙は、400%拡大して使用してください。

400%拡大

⬇ りす表 ←表裏はり合わせ→ ⬇ りす裏

⬇ ぶた表  ←表裏はり合わせ→ ⬇ ぶた裏

⬇ ぞう表  ←表裏はり合わせ→ ⬇ ぞう裏

型紙

歌って遊ぼう P.12 — みんなで ぶんぶんぶん

この型紙は、200%拡大して使用してください。

200%拡大

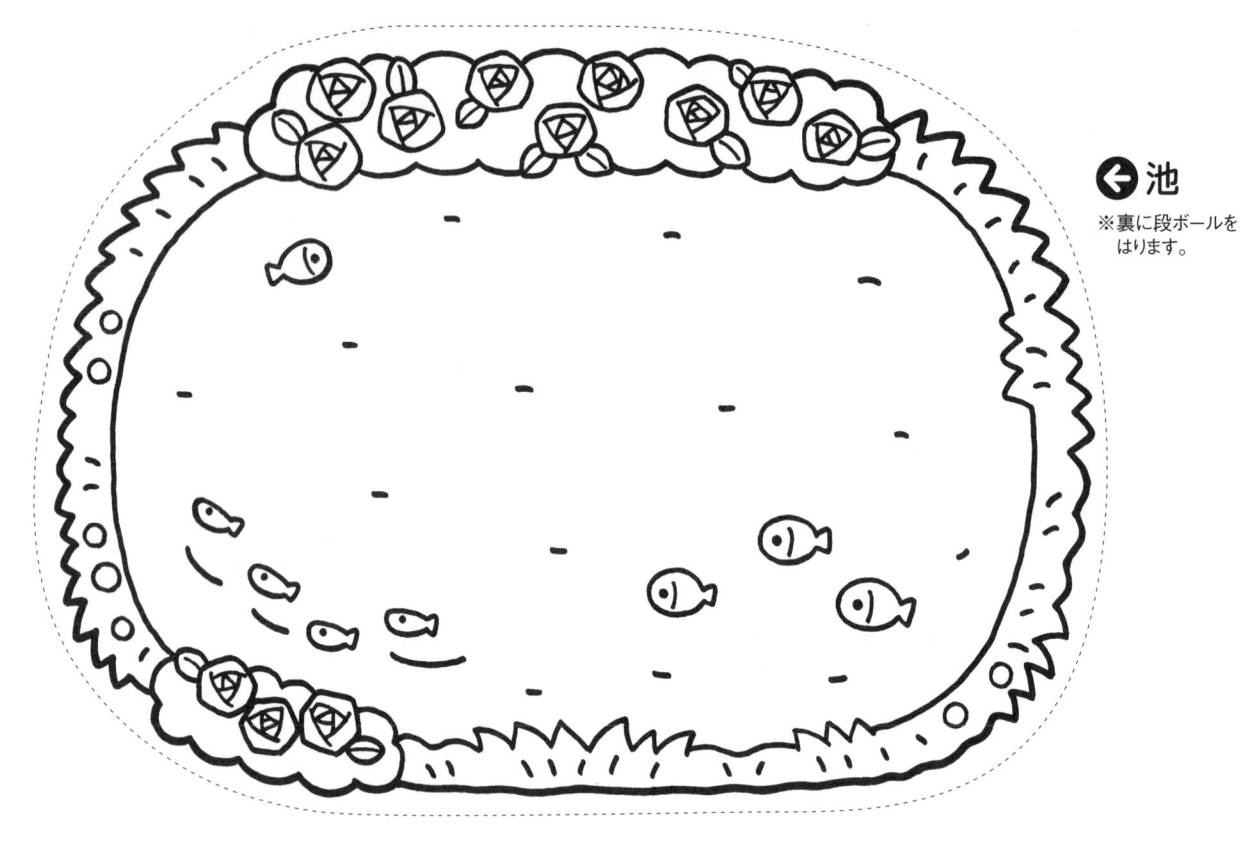

← 池
※裏に段ボールをはります。

↑はち1 　　↑はち2 　　↑はち3

用意するもの
- 全芯ソフト色鉛筆など着色できるもの
- ハサミ
- スティックのり
- 段ボール
- カッターナイフ
- 先を削った割りばしまたは竹ぐし

作り方
1. 段ボールの目を縦にして、池の形にカッターナイフで切る。 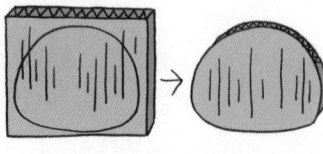
2. 色鉛筆で着色した池を段ボールにはる。 
3. 先を削った割りばしを、池の中心の段ボールの目に下から差し込む。

歌って遊ぼう P.14 チューリップ

この型紙は、400%拡大して使用してください。

400%拡大

↓ ちょうちょう1 ↓ ちょうちょう2

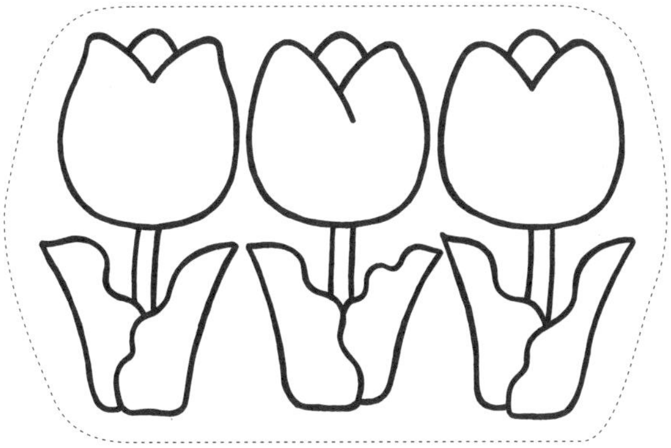

↑ チューリップ
※裏に段ボールをはります。

歌って遊ぼう P.15 こいのぼり

この型紙は、400%拡大して使用してください。

400%拡大

← こいのぼり

↑ 家
※裏に段ボールをはります。

歌って遊ぼう P.15 かえるの合唱

この型紙は、400%拡大して使用してください。

↓ かえる1 ↓ かえる2  ↓ かえる3  ↓ かえる4

↑ 水田
※裏に段ボールをはります。

400%拡大

歌って遊ぼう P.15 虫のこえ

この型紙は、400%拡大して使用してください。

↓ まつむし ↓ すずむし  ↓ こおろぎ

← くつわむし

うまおい →

400%拡大

↑ 草むら　※裏に段ボールをはります。

型紙

歌って遊ぼう P.16 だいすき とんでったバナナ

この型紙は、200%拡大して使用してください。

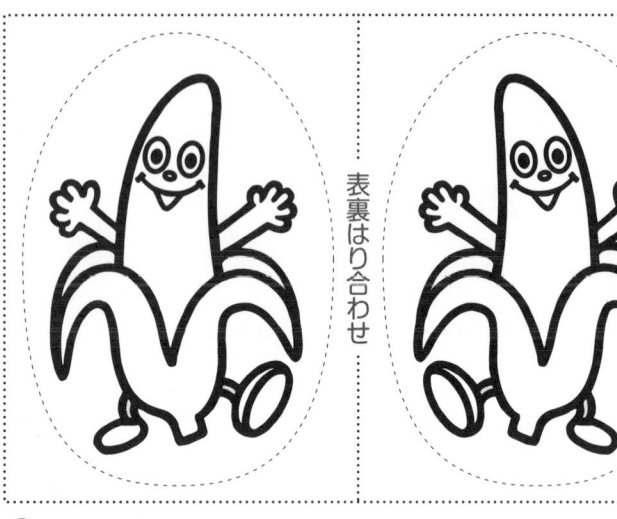

200%拡大

⬆ バナナ

表裏はり合わせ

⬆ 小鳥
※裏面は白い画用紙をはります。

⬆ 女の子

表裏はり合わせ

⬆ 男の子

表裏はり合わせ

200% 拡大

表裏はり合わせ

↑ ワニ

↑ 船上の船長さん
※裏面は白い画用紙をはります。

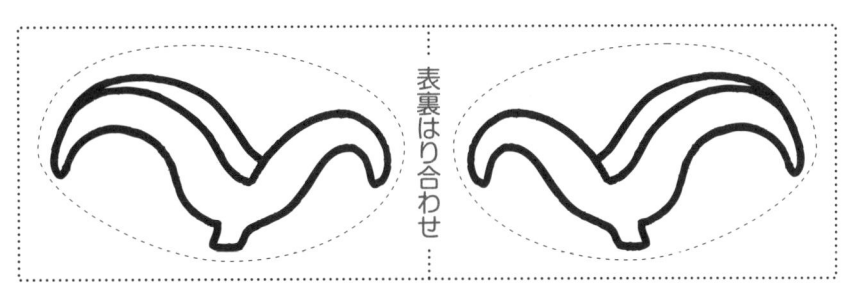

表裏はり合わせ

↑ バナナの皮

型紙

89

ゲーム・クイズ P.22 へんしん おりがみさん

ここでは型紙の代わりに折り図を紹介します。折り紙の大きさは演じる場面に応じて大小を考えてみましょう。

〈チューリップ〉

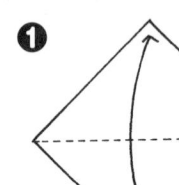

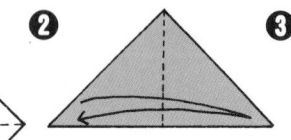

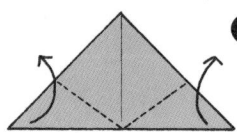

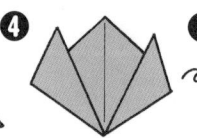

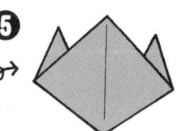

❶ ❷ ❸ ❹ ❺

〈きつね〉

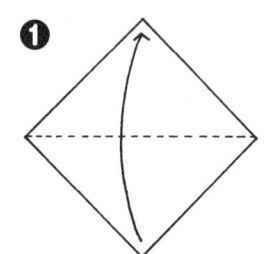

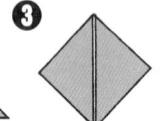

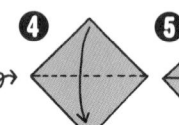

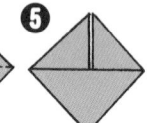

❶ ❷ ❸ ❹ ❺

〈クジラ〉

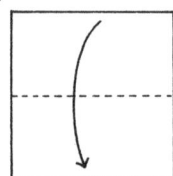

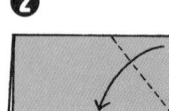

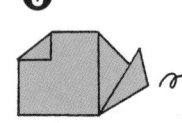

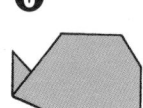

❶ ❷ ❸ ❹ ❺ ❻

用意するもの
- 10cm×10cmの白い画用紙（角を丸くする）
- 7.5cm×7.5cmの折り紙
- 着色できるもの
- 両面テープ
- のり

作り方
❶ 表面は、画用紙に目や口などを描いた折り紙をはる。

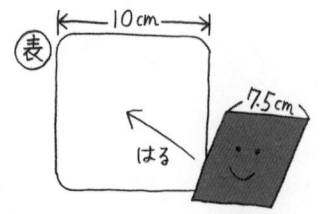

❷ 裏面には、折った折り紙をはり、必要な背景などを描く。

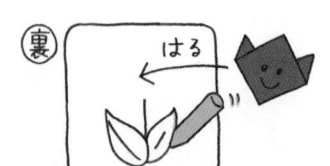

❸ 割りばし、または竹ぐしを両面テープで留め、表と裏をはり合わせる。

〈ヨット〉

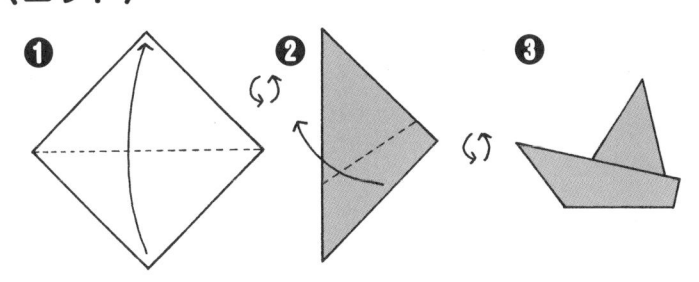

❶ ❷ ❸

〈かえる〉

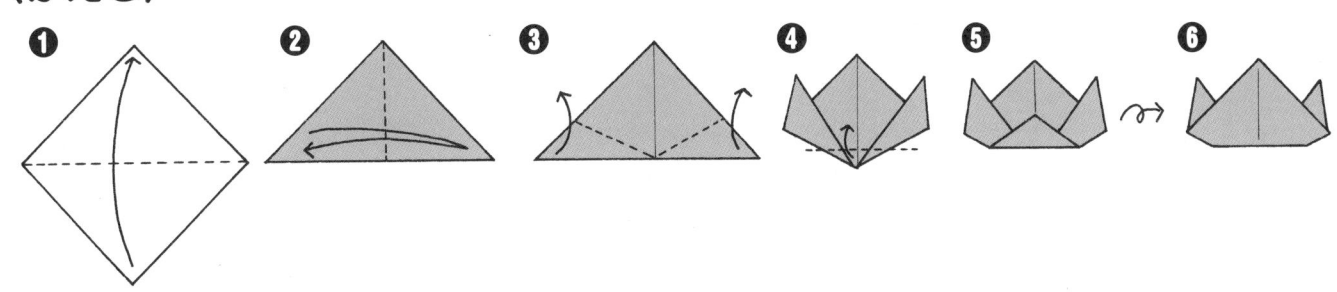

❶ ❷ ❸ ❹ ❺ ❻

〈ぞう〉

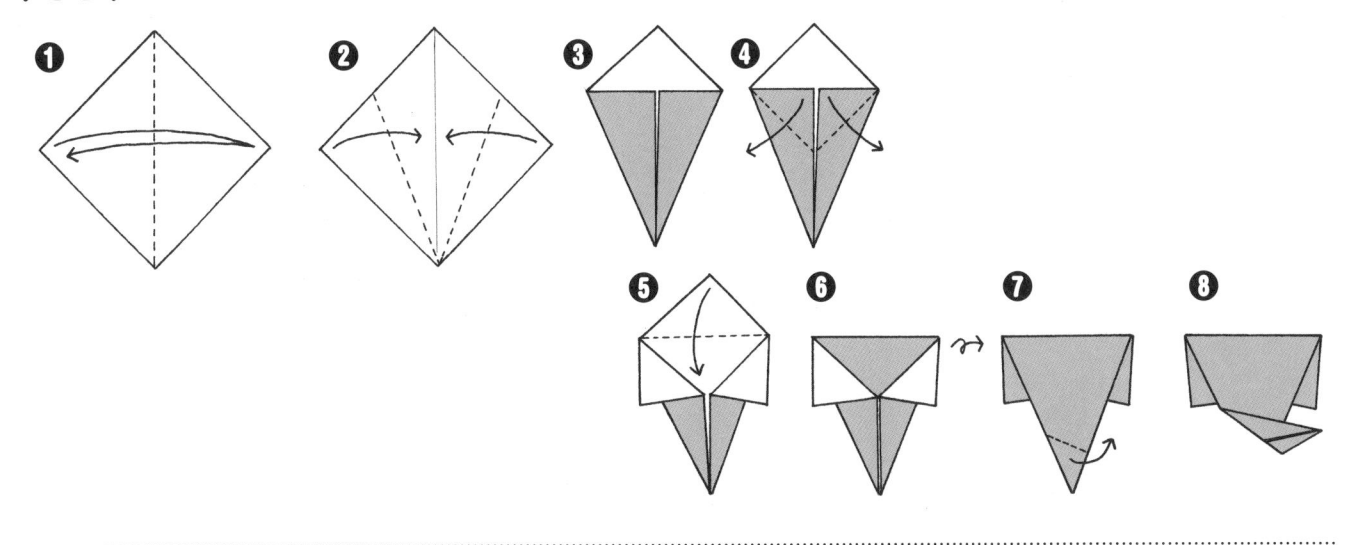

❶ ❷ ❸ ❹

❺ ❻ ❼ ❽

〈うさぎ〉

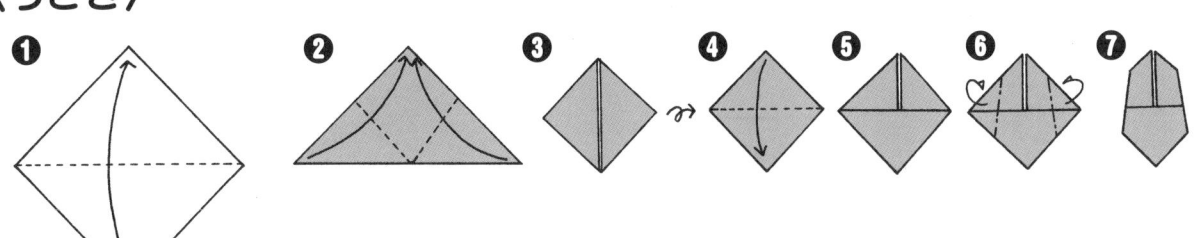

❶ ❷ ❸ ❹ ❺ ❻ ❼

型紙

ゲーム・クィズ P.26 — ほしいひとにプレゼント

この型紙は、200%拡大して使用してください。

200%拡大

↑ プレゼントの包み表
※プレゼントの包みは共通です。

↑ ケーキ裏

↑ おばけ裏

↑ ネックレス裏

ゲーム・クイズ P.30 ほしいひとにプレゼント アレンジ

↑ サッカーボール

↑ ヘビ

↑ ミルク

↑ 恐竜の赤ちゃん

↑ アイスクリーム

↑ あめ玉

↑ ダイヤの指輪

↑ ケムシ

標準の大きさで絵人形を作る場合は**400%拡大**してください。
小さいプレゼントは**250%拡大**、大きいプレゼントは**500%拡大**してください。

型紙

行事を楽しもう **P.32**

うれしいね お誕生日

この型紙は、200%拡大して使用してください。

200%拡大

⬆➡
巻き込みペープサート
(お誕生日・七夕・クリスマス・ひなまつり)表

作り方
❶ 型紙を拡大コピーして着色し、表と裏をスティックのりではり合わせる。

❷ 先を削った割りばしまたは竹ぐしを両面テープで留める。

❸ 図のように巻き込んででき上がり。

用意するもの
- 全芯ソフト色鉛筆など着色できるもの
- スティックのり
- 両面テープ
- 割りばしまたは竹ぐし

94

おたんじょうて

はる

巻き込み
ペープサート
(お誕生日)裏

でおめでとう

型紙

行事を楽しもう P.36 うれしいね 七夕さま
この型紙は、400%拡大して使用してください。

400%拡大

↑ 巻き込みペープサート（七夕）裏

行事を楽しもう P.37 うれしいね クリスマス
この型紙は、400%拡大して使用してください。

400%拡大

↑ 巻き込みペープサート（クリスマス）裏

行事を楽しもう P.37 うれしいね ひなまつり
この型紙は、400%拡大して使用してください。

400%拡大

↑ 巻き込みペープサート（ひなまつり）裏

食育遊び P.38 あなたのおなまえは

この型紙は、200%拡大して使用してください。

200%拡大

← プータくん裏

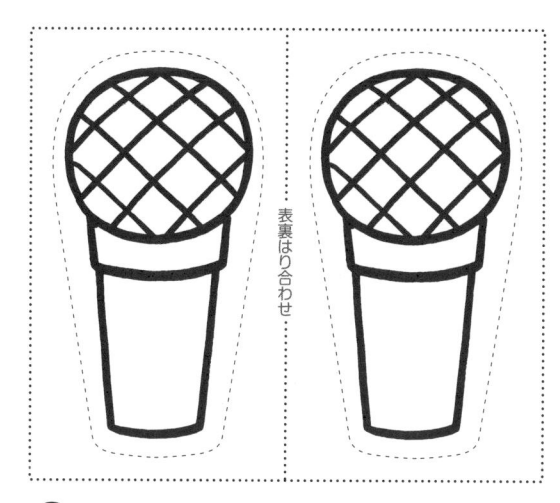

表裏はり合わせ

↑ プータくん表

↑ マイク

表裏はり合わせ

型紙

| 食育遊び P.42 | クイズ おいしくいただきます ✂ |

この型紙は、200%拡大して使用してください。
カラー型紙はP.76にあります。

200%拡大

ぶた裏 ⬇

らいおん裏 ⬇

表裏はり合わせ

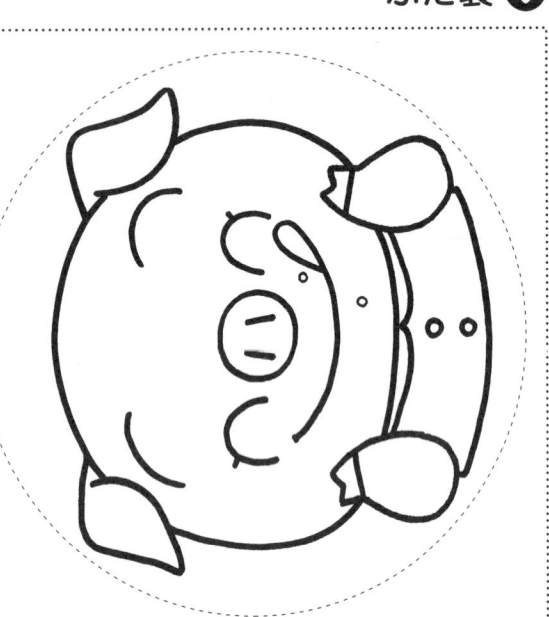

表裏はり合わせ

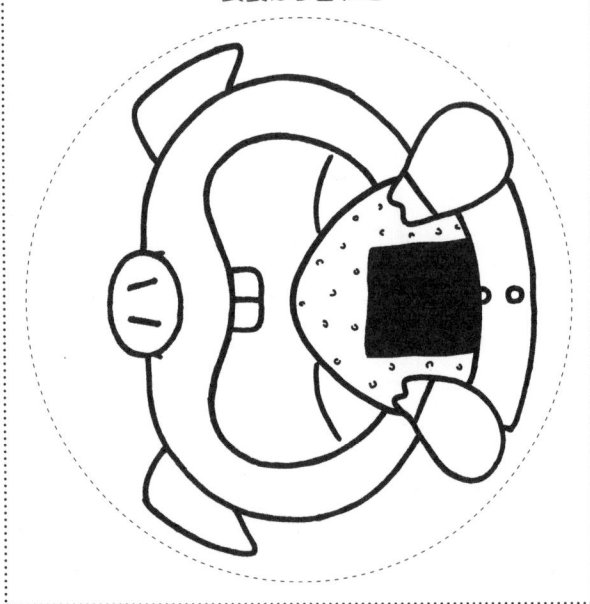

⬆ ぶた表

⬆ らいおん表

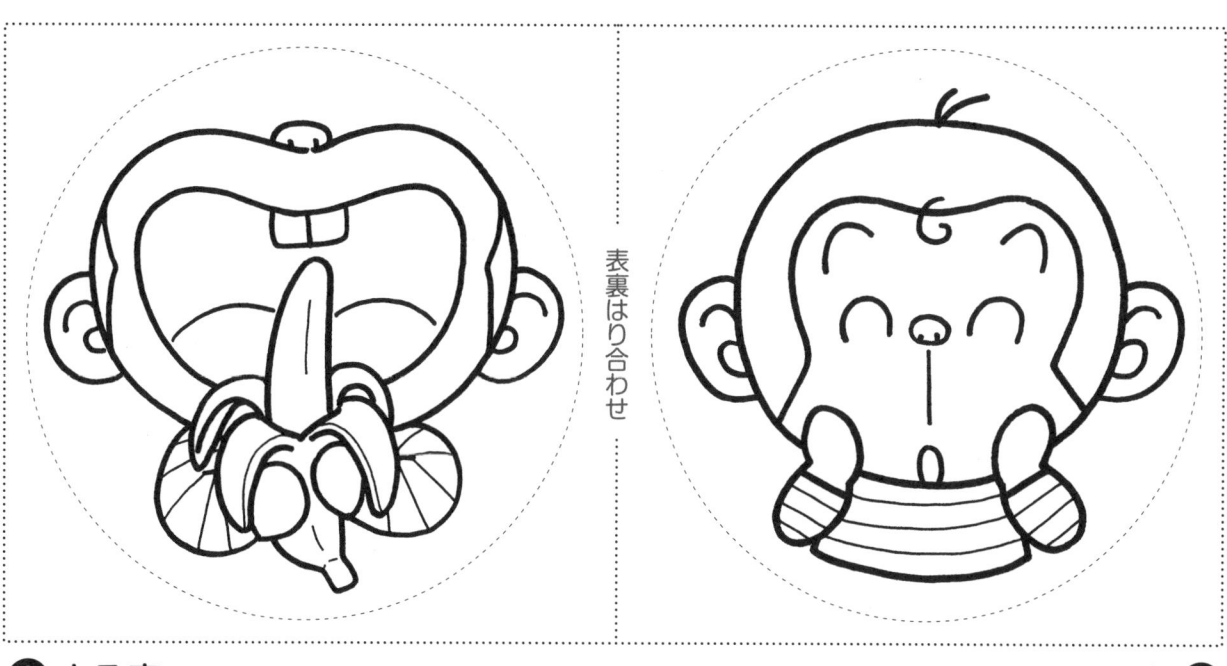

↑ ぱんだ表　　　　　表裏はり合わせ　　　　　ぱんだ裏 ↑

↑ さる表　　　　　表裏はり合わせ　　　　　さる裏 ↑

型紙

食育遊び P.46

元気のもと 3色カーペット

この型紙は、200%拡大して使用してください。

200%拡大

↑ごはん

↑魚

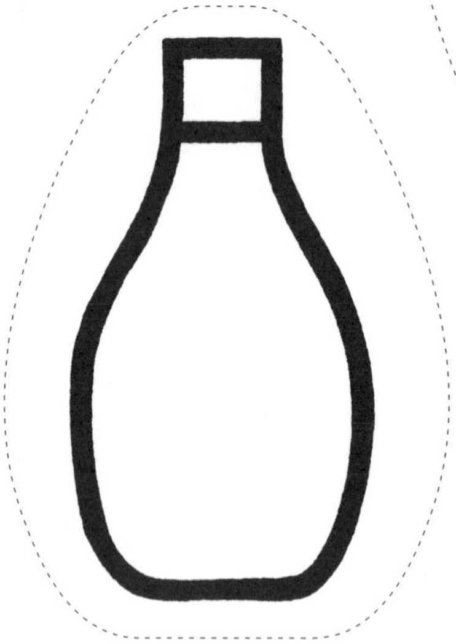

↓レタス

↑マヨネーズ

↓トマト

用意するもの
- 粘土と粘土ケース5〜6個
- 赤・黄・緑の色画用紙
- セロハンテープ

作り方
粘土ケースを5〜6個つなげ赤・黄・緑の色画用紙をはるとでき上がり。

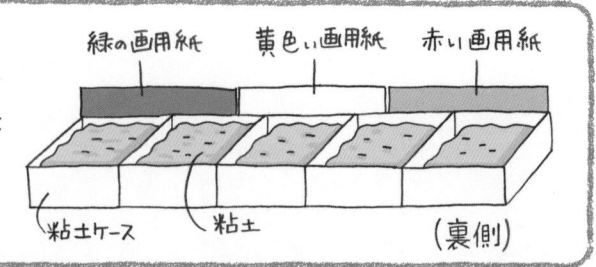

緑の画用紙　黄色い画用紙　赤い画用紙

粘土ケース　粘土　（裏側）

↑ジャガイモ

↑ワカメ

↑味噌

↑ヨーグルト

↑リンゴ

↑豆腐
※裏面は白い画用紙をはります。

型紙

生活習慣 P.50 歯磨き大嫌い ムッシーとムッチー

この型紙は、200%拡大して使用してください。

200%拡大

ムッシー1

表裏はり合わせ

ムッチー1

表裏はり合わせ

ムッシー2

表裏はり合わせ

ムッチー2

表裏はり合わせ

生活習慣 P.54 — トイレちゃん 泣かないで

この型紙は、200%拡大して使用してください。

200%拡大

⬆ 洋式トイレ表　　　　　　表裏はり合わせ　　　　　洋式トイレ裏 ⬆

生活習慣 P.56 — トイレちゃん 泣かないで アレンジ

この型紙は、400%拡大して使用してください。

400%拡大

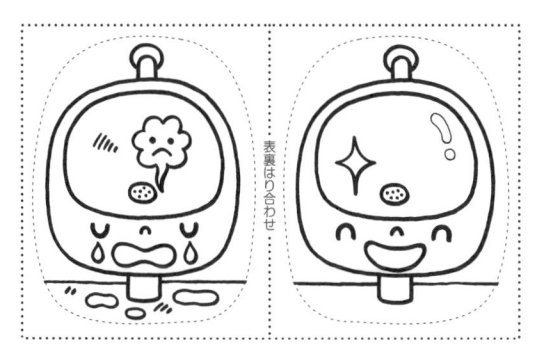

⬆ 男児用トイレ表　　男児用トイレ裏  ⬆　　⬆ 和式トイレ表　　和式トイレ裏 ⬆

型紙

103

生活習慣 P.56	じょうずに手洗い・うがい

この型紙は、200%拡大して使用してください。

200%拡大

表裏はり合わせ

← タオル

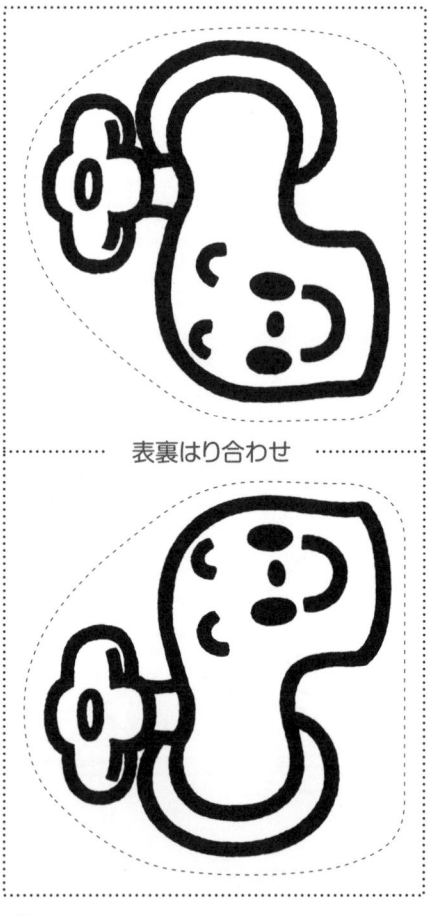

表裏はり合わせ

表裏はり合わせ

表裏はり合わせ

↑ せっけん

↑ コップ

↑ すいどう

名作・おはなし P.58

桃太郎

この型紙は、200%拡大して使用してください。

200%拡大

表裏はり合わせ

⬆ 桃とおじいさんおばあさん表　　桃とおじいさんおばあさん裏 ⬆

⬆ 桃太郎1　　⬆ 桃太郎2

※裏面は白い画用紙をはります。

型紙

200% 拡大

↑ 桃太郎3表　　　桃太郎3裏 ↑

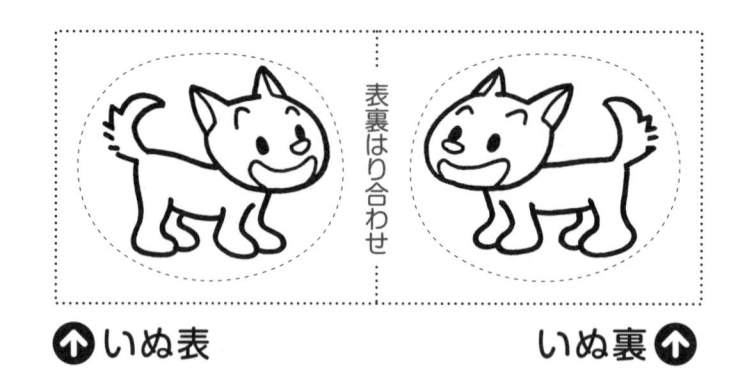

表裏はり合わせ

↑ いぬ表　　　いぬ裏 ↑

表裏はり合わせ

↑ さる表　　　さる裏 ↑

表裏はり合わせ

↑きじ表　　　　　　　　きじ裏↑

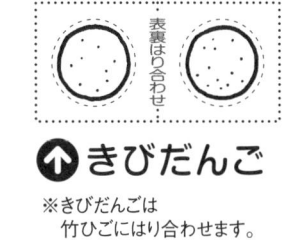

表裏はり合わせ

↑きびだんご

※きびだんごは
　竹ひごにはり合わせます。

鬼ヶ島の岩表 ➡

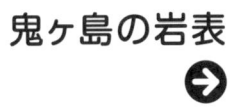

表裏はり合わせ

➡ 宝を車に積んだ
　桃太郎裏

型紙

⬆ 青鬼と戦ういぬ・さる・きじ表　　⬆ 青鬼と戦ういぬ・さる・きじ裏

⬆ 赤鬼と戦う桃太郎表　　⬆ 赤鬼と戦う桃太郎裏

表裏はり合わせ

名作・おはなし てぶくろ

P.64

この型紙は、**200%拡大**して使用してください。
カラー型紙はP.78にあります。

200%拡大

↑雪野原1　　↑雪野原2

※裏面は白い画用紙をはります。

表裏はり合わせ

←おじいさん

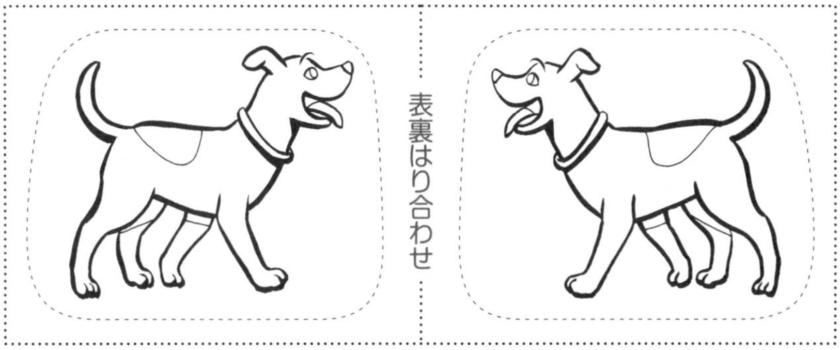

表裏はり合わせ

↑犬

型紙

200% 拡大

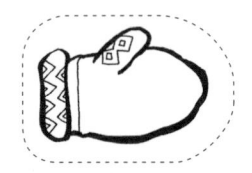

↑ 小さな手袋
※裏面は白い画用紙をはります。

↑ 大きな手袋
※裏面は白い画用紙をはります。

↑ ちゅうちゅうねずみ
表裏はり合わせ

↑ ぴょんぴょんうさぎ
表裏はり合わせ

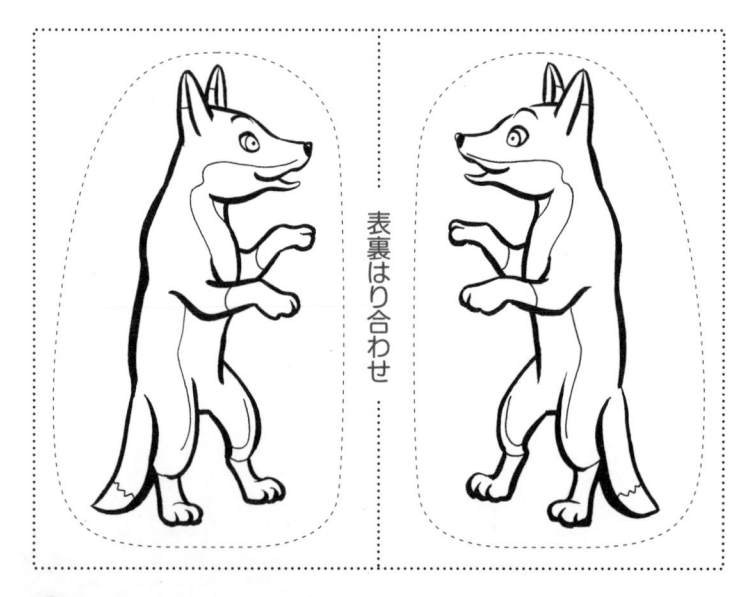

↑ こんこんきつね
表裏はり合わせ

表裏はり合わせ

⬆ どんどんぐま

表裏はり合わせ

⬆ ぶーぶーいのしし

型紙

著者
阿部 恵(あべ めぐむ)
道灌山学園保育福祉専門学校保育部長
道灌山幼稚園主事

協力
[折り紙] 津留見裕子
[楽 譜] 佐藤千賀子

スタッフ
[製 作]
菊地清美
小林直子
森のくじら
あかまあきこ
みやれいこ
＊すまいるママ＊
毛利洋子
宇田川幸子
アンヴィル奈宝子

[イラスト]
早原りさこ
常永美弥
いそのみつえ

[写 真]
佐久間秀樹(アサヒフォトスタジオ)
今泉邦良(アイマックス)

[楽譜浄書]
株式会社 福田楽譜

[本文レイアウト]
はやはらよしろう・早原りさこ
（Office 446）

[企画・編集]
岡本舞・安藤憲志

[校 正]
堀田浩之

本書を代行業者等の第三者に依頼してコピー、スキャンやデジタル化することは、たとえ個人や家庭内の利用であっても著作権法上認められておりません。

アレンジ♡たっぷり
ペープサート

2010年9月　初版発行
2018年4月　第13版発行

著 者　阿部 恵
発行人　岡本 功
発行所　ひかりのくに株式会社
〒543-0001　大阪市天王寺区上本町3-2-14
電話　06-6768-1155　郵便振替00920-2-118855
〒175-0082　東京都板橋区高島平6-1-1
電話　03-3979-3112　郵便振替00150-0-30666
ホームページアドレス　http://www.hikarinokuni.co.jp

印刷所　NISSHA株式会社

©2010　乱丁、落丁はお取り替えいたします。
JASRAC 出　1009373-813

Printed in Japan
ISBN 978-4-564-60765-3
NDC 376　112p　26×21cm